Por qué prefiero ser un narco: Es mejor que un ordinario

Joaquín Matos

ISBN: 0998228702
ISBN-13: 978-0998228709

LA DEDICACIÓN

Aunque no está escrito para todos, este libro está dedicado a esos analíticos que se han atrevido a hacer la pregunta, "¿Cómo voy a sobrevivir a pesar de la hostilidad de mi entorno inmediato?"

ÍNDICE DE CONTENIDOS

* Este libro contiene ejemplos de argot, expresiones coloquiales y regionalismos. Hemos incluido un glosario de los términos y expresiones utilizados al final del libro.

RECONOCIMIENTOS

Muchas gracias a todos los que estuvieron en este proyecto. Y no podemos olvidar la población en Venezuela afectada por las crisis, merece mejor. Mis pensamientos y oraciones están con ustedes y sus familias.

Desperté con un ratón que no me dejaba ni moverme, los llantos de la niña retuercen mi cerebro y no me dejan ni pensar, ¿dónde carajos estará Erika?

- ¡Erika!, ¡Erika!, la niña no para de llorar, ¡cállala, coño!

Solo un par de pasecitos y quedaría como nuevo. ¿Se habrá acabado la bolsa? Esa tochada está muy cara, y todavía le debo plata al Costello; pero, mejor me hago el loco. ¿Dónde carajos estará Erika, que no viene a callar a la niña?

- ¡Ya, mami!, ¡ya!, tranquila, aquí está papi, aquí está papi. Deja de llorar.

Voy a la sala, prendo un cigarrillo y abro una cerveza pa' emparejar la pea. ¿Dónde habré dejado la bolsa anoche? Reviso mi teléfono y tengo dos mensajes de Erika: salió a comprar desayuno… ¿desayuno? ¡Si son las dos de la tarde! Seguro esa cabrona anda puteando. Necesito dinero, me estoy quedando en cero y tengo más deudas que el carajo, la leche de la bebita está cada vez más cara y no se consigue un carajo en este país.

- Luis, ya llegué.
- A buena hora, la china no ha parado de chillar y me despertó, ¡nojoda! ¿Qué andaba haciendo? ¿Quién compra desayuno a las dos de la tarde?
- ¡Coño!, estaba intentando conseguir los pañales, tú sabes cómo están las colas.
- ¿Colas? Ya le he dicho miles de veces que en esta casa no hacemos colas.
- Pero, entonces, ¿cómo hacemos? Necesito comprar las cosas de la niña.
- Llame a Marcos, ese le consigue de todo, con sobrecosto, pero se las consigue.
- Ya no queda plata.
- Busque debajo del colchón, ahí queda.

Me comí las empanadas que trajo Erika, ando crisiado y me va a tocar llamar a Costello otra vez. Reviso el celular, tengo llamadas perdidas de Leandro Zambrano y Nicolás Pérez, esos hijueputas van a querer que les pague, pero ya me están haciendo arrechar. Le marco a Costello…

- ¡Aló!, Costello…
- Luis Restrepo, ¿qué pasó, mijo? Me quedé esperándolo la semana pasada.
- Coño, es que he estado ocupado. Usted sabe cómo es la vaina cuando uno tiene hijos.
- ¡No, papá!, una vaina son los hijos y otra muy diferente los negocios. Usted quedó en pagarme la merca la semana pasada y aquí sigo esperando esa plata. ¿No querrá usted meterse en peos

conmigo, ¿verdad?

- ¡Costello, por favor!, ¿cuándo yo le he quedado mal a usted? Usted sabe que la vaina está muy jodida, tengo unos tigritos por resolver, pero apenas tenga la plata, yo le pago.

- Usted sabe que a mí no me gusta esperar.

- No, no, créame que yo no quiero hacerlo esperar. A mí también me cargan jodido con la plata.

- Bueno, eso es problema suyo, no mío. Resuelva los inconvenientes que tenga, pero a mí me paga mi plata.

- Claro, claro, usted de eso no se preocupe, varón, yo tengo palabra.

- Bueno, mijo, tiene cinco días, sino, usted ya sabe.

- En tres días tiene su plata, pero… Costello…

- ¿Qué pasó?

- Necesito un poquito de coca, ando seco.

- Luis Restrepo, ¡pero usted si tiene bolas! Todavía me debe plata de las dos últimas entregas, y ¡ahora me pide otra!

- Papi, usted sabe que yo le pago, nosotros somos amigos.

- Los amigos no existen, Luis Restrepo, lo que existe son los negocios. Yo soy un hombre serio y no me gusta andar con muchachitos que no cumplen su palabra.

- Yo le cumplo, mi hermano, se lo prometo, en

tres días tiene su billete. Pero deme un par de gramos para coger aire y poder hacer las vueltas que me quedan.

- Luis Restrepo…
- Dígame.
- Aquí lo espero con la coca, pero se la cobro al doble y me paga mañana.
- Pero…
- Al doble, o no tiene nada.
- En media hora paso por allá.

Fui rápido a bañarme para ir a buscar la cocaína. Ojalá el carro no me empiece a joder otra vez.

- Luis, ¿a dónde vas?
- Tengo que salir urgente, voy a hacer un negocio.
- Pero, Luis, teníamos que llevar a la niña al médico.
- ¡Nojoda, Erika!, ¿otra vez? ¿Es que esa carajita no come, que se la pasa enferma?
- El pediatra quedó de revisarle lo de los ojos.
- Ese hijueputa lo que quiere es sacarnos más plata.
- ¿Por qué no vas con nosotros y hablas tú con él?
- No, no, yo no tengo tiempo, tengo que ir a trabajar.
- ¿Y la plata para la consulta…?
- Le dije que buscara debajo del colchón.
- Pero si ahí no queda nada, Luis.

- ¿Cómo que no queda nada?
- No queda, acabo de revisar.
- Coño e la madre, pero si hace tres días metí ahí un poco de plata.
- Pues ya no hay; usted sabe que sus vicios son muy costosos.
- Jueputa, Erika, ya le dije que no me volviera a salir con eso, o le iba a voltear la cara de un coñazo; aquí la plata la produzco yo, así que yo veré en qué me la gasto.
- Pero, Luis, el pediatra…
- Dígale que no tiene plata, y que él verá si deja que la niña se quede ciega.
- Pero, Luis…
-                              ¡Me   voy!

2

Salí para la casa de Costello con el ratón
haciéndome agonizar. Necesito un pase urgente
que me dé vida. ¿Qué habrán terminado de hacer
anoche Víctor Archila y Oliver Matamoros con
las jevitas? En el camino veo un poco de
operativos. Ahorita hay que estar mosca pues los
pacos andan viendo qué cazar. Piso a fondo el
acelerador para llegar a casa de mi dealer y en la
entrada veo las camionetas de sus primos; ¡qué
ladilla!, seguro están ahí con todos los
guardaespaldas.
Me estaciono, me bajo del carro y saludo a los
gorilas.
- ¿Dónde está Costello? –Le pregunto a uno de
ellos-.
-        Está   adentro   esperándolo.

Ingreso a la casa y me recibe la señora María de Costello con su habitual cara de miseria.

- Luisito, ¿cómo estás, papá? Armandito está arriba con los primos.

- Hola, señora María, sí, ya hablé con él. Justo voy a buscarlo.

Súbitamente, aparece la enfermera de la madre de Costello, la agarra y se la lleva a la habitación.

- Suba, arriba lo están esperando –Me dice-.

Tembloroso, empiezo a subir las escaleras y me da por pensar que no hubiese llamado a este hijueputa, que cada vez que está con sus primos, se comporta como un maldito peor de lo que es. Afuera de la oficina está el Pancho, el matón de Costello que siempre tiene una cara de perro que no se la quita nadie. A esa escoria, su mamá lo debió haber traído al mundo con arrechera. Mientras me mira desafiante y empieza a requisarme los bolsillos, se asegura de que no traigo armas y me dice:

- Pase, galán, Costello lo está esperando.

¿Por qué demonios todo el mundo me dice que Costello me está esperando? Lo acabo de llamar hace nada, ¿cómo saben todos que yo venía?

Abro la puerta y ahí está el infeliz hablando con sus primos.

- ¡Luis Restrepo!, qué placer, ¿cómo va todo? Venga, siéntese, tome asiento. ¿Ya conoce mis primos, cierto?

- Sí, sí, claro. Hola, ¿cómo están?

Los primos de Costello me miran de arriba abajo sin pronunciar palabra. Está el Kevin y John, esos son los que mandan la mercancía del otro lado de la frontera, esos carajos son los dueños de Cúcuta.

- Luis Restrepo, ¿cuántos años de amistad tenemos nosotros?

- Uy, imagínese Costello, desde carajitos, desde el colegio.

- ¿Usted me aprecia, Luis Restrepo?

- Por supuesto.

- ¿Usted me respeta?

- Claro, claro, ¿cómo no?

- ¿Entonces, por qué hijueputas no me ha pagado lo que me debe? –Pregunta exaltado-.

- Coño, Costello, ya se lo dije, hay gente que me debe billete.

- Ese no es mi problema…

- Lo sé, lo sé, solo estoy esperando que me paguen.

- Mire, Luis Restrepo, usted sabe muy bien que, si yo le vendo a usted, es porque eres mi parce; yo ya no ando con esas vueltas de carajitos de estar dealeando droga para mis panas. Y ahora, cuando es con usted que hago esa excepción, entonces tiene las bolas de quedarme mal.

- ¡No, no! Costello, yo sería incapaz, incapaz…

- Luis Restrepo, ¡dígame algo!, ¿qué van a pensar

mis primos? ¿Que yo soy un cobarde, que permito que la gente se burle de mí? ¡No!, ¡yo no puedo tolerar eso!

- Con todo el respeto hacia sus primos, Costello, pero usted sabe que eso no es así, yo tengo palabra de hombre, yo le voy a pagar…

- Entonces, tras de que no me ha pagado, usted tiene la santa voluntad de llamar a pedirme más mercancía. Dígame, ¿acaso usted me cree imbécil, Luis Restrepo?

- ¡No, no señor!, en lo absoluto, yo le dije que…

- ¡Pancho! –Gritó Costello-.

- ¿Pancho?, ¿para qué llama a Pancho? No señor, mire…

- Pancho, muéstrele a nuestro amigo Luis Restrepo lo que le hacemos a los que no nos pagan.

- No, Costello, no, ¡no!, por favor escuche…

De pronto, siento un golpe en la cabeza y caigo al suelo de inmediato…

- ¡Armando, por favor!

- ¡Jueputa!, este si tiene bolas. Aparte de que me debe plata, se atreve a llamarme por mi primer nombre. Pancho, dale a este tipo una lección.

Pancho me agarra del cabello y me para del suelo, mientras le pido misericordia. Pero este tipo es una bestia y no sabe de palabras o emociones. Le suplico a Costello que se detenga, pero no se inmuta. Pancho me lleva hacia una silla y comienza a amarrarme. Pienso en resistirme, pero creo que me iría peor. Pancho mide un metro setenta, es pequeñito, pero fuerte como un pitbull el coño e' madre e igual de feo… me amarra por fin las manos a la silla y los pies también.

- ¿Le cortamos el huevo, jefecito? –Pregunta Pancho-.

- ¡No, no! Costello, por favor no, te prometo que voy a pagarte, te lo prometo.

- Yo creo que sí, Pancho.

Cuando Pancho empieza a desabrocharme los pantalones, comienzo a sudar frío y mi corazón arranca a palpitar como el de un animal salvaje.

- Costello, por favor, por favor, te lo suplico, por los años de amistad.

- La amistad en este mundo, no existe, Luis Restrepo.

Pancho se deshace de mi pantalón, mientras yo grito y grito e intento patalear.

- ¡Cállate, maricón! –Grita Pancho y me suelta un puño en el rostro-.

Mi nariz empieza a sangrar, estoy atolondrado, lleno de adrenalina, de miedo, de estrés.

- Lo que quieran, menos el pipi, lo que sea, menos eso, por favor, Costello.

- ¡Ay, jefe!, pero mire, si lo tiene chiquitico.

Los primos empiezan a reír. Por primera vez se han quitado esa máscara congelada de malditos psicópatas y ríen, se burlan de mí, sienten mi miedo y eso les llena de gozo.

- Yo creo que no vale la pena siquiera quitárselo, jefe, es tan chiquito, que ya es suficiente castigo.

Cuando miro hacia abajo, veo mi pene más chico que nunca. Pancho tiene razón, es tan diminuto como una pasa, quizás los nervios lo llevaron a ocultarse, probablemente tiene cabeza propia y ha elegido meterse en su caparazón para no ser degollado......el ser humano es un animal en busca de supervivencia.

- ¡No!, ¡no!, maldita sea, ¡no!, todo menos eso.

Pancho se ríe y me mira a la cara, me da un par de cachetadas, disfruta viéndome sufrir mientras los primos le animan en la propagación de mi desgracia. Costello permanece inmutable, no se ríe, no se amarga, solo presencia mi dolor como si estuviera en otro mundo.

- Adelante, Pancho, degüelle la cabecita.

Empiezo a llorar, mis nervios me retuercen.

- Él quería un pase... ¡dele un jalón para que tenga su cocaína y se vaya contento! –Manda Costello-.

Entonces, Pancho se aparta, saca de un mueble una bolsa de cocaína y coloca una línea en su dedo.

- Dele, mijo, aspírela. –Me dice-.

Inhalo la coca, siento que me llena de agallas y miro a Pancho a la cara.

- ¡Hágale, varón!, haga lo que tenga que hacer.

- Mira, -dice el Pancho-, se transformó en Power Ranger.

Los primos ríen una vez más. Pancho saca un yesquero, lo acerca a mi pene y lo enciende, mis vellos púbicos empiezan a arder.

- ¡Cabrón!, ¡cabrón!, maldito, Pancho hijueputa, me las vas a pagar, ¡me las vas a pagar!

- Jefe, oiga a este amenazándome, yo creo que deberíamos bajárnoslo. No me gusta ese tono.

- ¡Hágale, Pancho!, si usted quiere ¡mátelo!, pero yo no me voy a ensuciar las manos con un insecto así.

- ¡Máteme, pues!, ¡máteme, hijueputa!, es mejor que me mate, porque si quedo vivo, lo voy a reventar.

Pancho empieza a reír con desprecio y se burla de mi sufrimiento…

- ¿Quiere que le eche una mamada, Luisito? – Pregunta en tono sarcástico y hace un gesto con su boca mientras los primos ríen y Costello no se inmuta-.

Pancho saca el yesquero una vez más y comienza a quemar mis genitales; lo insulto, trato de romper desesperadamente las cuerdas que me atan, pero es imposible y solo consigo maltratarme las muñecas y tobillos. Entonces, cuando siento cómo poco a poco voy perdiendo la virilidad, Pancho saca una navaja.

- Despídase del piojo ese –Me dice contento-.

Yo cierro mis ojos y empiezo a rezarle a Dios. Las carcajadas son cada vez más estridentes y cuando ya dejo de sentir el fuego en mi pene, aguardando la cortada inminente, aprieto los ojos y los labios pero... de repente las cuerdas se rompen.

-Listo, papito, ya está –Me dice Pancho-, quedó como nuevo.

Cuando vuelvo a mirar hacia abajo, mi pene aún sigue allí, rojo, hinchado, hirviendo, pero sigue adherido a mi cuerpo, ¿eso fue todo? –Me pregunto-.

- Tiene veinticuatro horas para traerme mi dinero, Luis Restrepo, ¿le quedó claro? –Dice Costello-.

- Sí, sí, si... -Respondo tartamudeando sin comprender-.

- Y acuérdese, la dosis de hoy vale el doble.

- Pero, pero...

- ¿Algún problema?

- ¡No!, no señor, está bien, está bien.

- Qué bueno es que nos entendamos, Luisito, usted sabe que yo a usted le tengo mucho aprecio, usted es mi parce.

- Sí señor, claro, claro, por supuesto.

- Llámeme Armando cuando quiera, Luisito, llámeme Armando si quiere, pero tráigame mi hijueputa plata porque si no le reviento la cabeza, ¿oyó malparido?

Pancho reía y los primos también. Me paré de la silla y me subí los pantalones. Cuando fui a salir de la oficina de Costello, Pancho se me interpuso en el camino, haciéndome el amague de tirárseme encima para golpearme. Asustado una vez más, yo cerré los ojos por reflejo, y cuando los volví a abrir, se estaba riendo. ¡Ya me las va a pagar este infeliz!

3

Al salir de casa de Costello, llamé a Víctor Archila de inmediato:

- ¡Aló, Víctor!
- Luisito, ¿cómo está la vaina? Marico, qué locura anoche, esas jevas estaban volteadas.
- ¿Se las cogieron?
- Marico, de bolas, si les metimos perico hasta por las axilas, nos pidieron pipi por horas. ¿Tú que te hiciste?
- Me fui a dormir, tenía que llevar hoy a la niña al pediatra.
- ¿Y todo bien?
- Sí, sí, ya no tiene nada.
- Qué bueno, ¿y hoy qué?
- Marico, te iba a pedir un favor.

- ¿Qué pasó?
- Necesito que me prestes un billete.
- Coño, Luisito, si tuviera, tú sabes que te lo prestaría, pero ando pelando.
- No me caigas a coba, Víctor, quítale a tus papás.
- Tú estás loco. Si me cargan a monte porque dejé la universidad.
- No seas marico, Víctor, sácales de la caja fuerte que esos ni se dan cuenta. Necesito cuatrocientos verdes.
- ¿Y, aparte dólares? Tú sí estás loco.
- Mira, mamagüevo, ¿te acuerdas de toda la coca que jalaste anoche? Esa mierda la puse yo, y ahora debo un platero por eso, así que si quieres seguir metiéndole vainas a la nariz, me tienes que ayudar a pagar la deuda.
- Luis, pero bájale coño, yo creí que éramos panas.
- ¿Panas?, un carajo, los amigos no existen, lo que existe son los negocios.
- Me hubieses hablado claro desde un principio.
- Te estoy hablando claro ahorita. Si no me consigues la plata, te atienes a las consecuencias.
- Pero, Luis…
- Te llamo en una hora, espero que me tengas algo.

4

Cuando volví a casa, Erika estaba llorando en el sofá, mientras la niña dormía en el corral.

- ¿Qué pasa? ¿Por qué lloras? –Le pregunto-.

- No me hables, Luis, no me hables por favor.

- ¿Pero, qué pasa? –Vuelvo a preguntarle-.

- Ni se te ocurra tocarme, ¡ni se te ocurra!, apártate de mí vista.

- Bueno, bueno, ya bájale dos, ¿cuál es tu mierda?

- Mi mierda, ¿mi mierda? Mi mierda es que no es posible que el médico no haya atendido a Clara porque no tenía cómo pagar una pendeja consulta. Esa es toda mi mierda, si la niña se queda ciega, será tu culpa.

- La niña no se va a quedar ciega, no seas exagerada.

- ¿Y tú, cómo coños lo sabes? ¿Acaso eres médico?

- Mírala, está bien, durmiendo tranquila.

- No me digas una mierda, Luis, mejor lárgate.

- ¡Bueno, bueno, ya va!, vamos a bajarle dos. Esa falta de respeto me la dejas pa' otro día. Aquí el que paga toda mierda soy yo, y en el caso de que uno de los dos tuviera que irse, serías tú.

- ¿A sí? ¿Vas a dejar a tu hija y a su mamá en la calle?

- ¿De qué carajos estás hablando, Erika? A Clara nadie la saca de esta casa.

- ¿Y si yo me voy, qué piensas? ¿Que la voy a dejar con su padre periquero…?

La expresión de Erika me sacó de quicio. Ya venía tocado por lo que me hizo el maldito de Costello, luego el imbécil de Víctor Archila, y ahora llego y me encuentro con esto… Es que, ¿acaso no puedo tener paz?

Entonces, furioso, le levanté la mano y le volteé la cara.

- Nunca más vuelvas a insultarme en frente de mi hija, maldita –Le aclaré-.

Erika se quedó mirándome desde el suelo sorprendida, el golpe le asentó bien y no volvió a pronunciar palabra; creo que finalmente aprendió la lección.

5

A las cinco de la tarde vuelvo a llamar a Víctor, pero no contesta mis primeras dos llamadas, ¿ese cretino, estará esperando que vaya a buscarlo a su casa? Cuando voy bajando en el ascensor para montarme en el carro, suena mi teléfono, es él:

- ¿Tienes la plata? –Le pregunté-.
- No, no la tengo. –Me dice de inmediato-.
- Maldita sea, Víctor, te dije…
- Espera, espera, no tengo la plata, pero te tengo un negocio.
- Te escucho.
- ¿Sabes que en Cúcuta hay un paro de transporte?
- ¿Sí…?
- Por eso es que está escasa la vaina y los marihuaneros andan como locos buscando weed…

-¿Y qué pasa?

-Tengo un pana que tiene en su casa diez kilos.

- ¿Diez kilos? Imposible.

- Sí, diez kilos, el carajo tiene un contacto que siempre le entrega panelas de droga.

- ¿Y qué coños vamos a hacer con eso?

- Se la compramos y la revendemos.

- ¿A quién se la vamos a vender?

- Eso es lo de menos. Hoy hay una rumba en casa de un enchufado, esos carajos meten de todo. Vamos pa' allá y negociamos.

- ¿Quién tiene la marihuana?

- Ya te dije, es un pana.

- ¿Y cómo se llama?

- ¿Importa, acaso?

- Sí, sí importa, de lo contrario, no te estaría preguntando.

- Le dicen Nené.

- ¿Y qué hace Nené?

-Nada, vende weed.

-¿Es traqueto?

- No, ese chamo es sano. Compra su vaina y se la vende a sus panas y ya.

- ¿Y por qué quiere vender tanta marihuana de un coñazo, entonces? Eso está como raro.

- Se va del país, está mamado de la situación.

- ¿Seguro?

- Totalmente.

- Mira que si me estás cayendo a coba, te voy a

joder. No tengo tiempo para bromas, Víctor Archila.

- Yo soy un tipo serio.
- Bueno, mosca, no me gusta andar con carajitos. Nos vemos en tu casa en media hora.
- Pero, espera, ¿y la plata?
- No te preocupes, de eso me encargo yo.

6

- ¡Aló!, ¿Costello?
-Luis Restrepo, ¿tan rápido conseguiste mi dinero?
-No, bueno, sí, voy a conseguírtelo. Pero necesito que me prestes unas lucas para invertir…
- ¿Tú estás buscando que te vuele la cabeza, hijo de las mil putas?
-No, no, esta vez es en serio, te devolveré cada centavo, pero necesito…
-Mira, pedazo de cabrón: de mí no verás ni un céntimo ni un gramo de cocaína más hasta que me traigas mi billete. Tienes plazo hasta mañana o serás hombre muerto, y puedes considerar a tu esposa y a tu hija, como la próxima comida de mis perros…

Camino a casa de Víctor Archila, vuelvo a recibir la llamada de Leandro Zambrano.

- ¿Qué pasó, bichito? ¿Cómo está la cosa?

-Luis, ¡coño!, llevo llamándote desde esta mañana. ¿Dónde estabas metido?

-Marico, trabajando, tú sabes, full ocupado, por eso no te había podido contestar, estaba en medio de un negocio.

-Verga, precisamente por eso te estaba llamando; necesito las lucas que te presté pues me está saliendo un business y ahora me están haciendo falta.

-Pues mira, ahorita, ahorita mismo, no te las tengo, pero déjame terminar de cuadrar la vuelta en la que ando y apenas las tenga, yo te llamo, ¿si va?

-Coño, Luis, con esa paja me cargas desde hace un mes, y yo estoy muy necesitado.

-Bueno, mi brother, yo estoy haciendo todo lo posible pa' pagarte, pero si no me respetas…

- ¿Si no te respeto? ¡Este sí es mi real coño é' tu madre!, ¿qué tengo yo que respetarte?

-Dale, viejito, si nos vamos a poner con esa actitud, estaremos más jodidos aún, mejor hablamos después.

- ¿Chamo, que te pasa a ti? ¿Te volviste loco?

-Hablamos, mi pana. Suerte.

¿Qué tal los carajitos de ahora? Un hijo de papi y mami queriendo montar una de malandro. Ya me estoy hartando de la actitud de la gente y voy a tener que pegarle un quieto; no pienso seguir en este peo con un poco de carajos que piensan que les debo la vida.

[...]

Me empiezo a crisiar y ya necesito batuquearme la nariz otra vez, voy con todo, pero necesito de la mía. Llego a casa, busco el revólver de papá, la mejor herencia que el viejo me pudo haber dejado. Erika no está, seguro se fue con la niña a llorarle a la mamá, pero que ni piense que va a sacar a Clara de esta casa, porque vamos a tener un peo. De salida, llamo una vez más a Víctor y le digo que ya voy en camino a su casa; el pana ni se imagina lo que va a pasar, pero le va a tocar morir callado, pues estoy harto de que la gente me quiera pisotear y pasar por encima. Enciendo el carro, paro en una licorería y compro una botella de ron, que ya la sed me está pegando; me tomo un par de shots y siento que me hierve la sangre, se me activa el coco, paso la avenida Carabobo y llego por fin a donde el mariquito.
- ¡Aló!, bajá pues, que ya estoy aquí, afuera de tu casa.
- ¡Voy, ya salgo!
Mientras que el mariquito baja, enciendo un cigarrillo y me caigo a palos. Hoy voy con todas,

porque mi hija tiene que crecer como una princesa y no voy a permitir que nadie le haga daño. Ahí viene Víctor con cara de trasnocho, está pálido y desaliñado, seguro ni se bañó el balurdo ese. Cuando se monta al vehículo, me pregunta de inmediato:

- ¿Conseguiste el dinero?

-Usted quédese tranquilo, que yo tengo todo bajo control.

-Habla en serio, Luis Restrepo, el chamo no es un criminal, y no vamos a llegar a cagarle la jeta.

-Yo soy un tipo serio, Víctor Archila, ¿o acaso le consta que haya sido irresponsable en mis negocios…?

-Bueno, fino, cero peos. Por cierto, ¿no te queda pa' echarnos un pase ahí? Ya ando que le pego los mocos al techo.

-Yo ando igual que tú, mi brother; pero no te preocupes que luego de esta vueltica vamos a tener suficiente real para caernos a perico como los varones.

- ¡Sí va!

- ¿Dónde vive el panita este? El tal Nené…

-Ese carajo, vive por Barrio Sucre, al lado de la Iglesia que queda por la Normal. ¿Si sabes?

-Dale, dale, me vas diciendo. ¿Quieres un palito?

-Vamos a darle desde temprano pues.

Con Víctor a mi lado, empecé a conducir hacia el momento que le daría un vuelco de 180 grados a mi vida. Todas las historias de personas adineradas y exitosas en el mundo, comienzan con un sueño, un emprendimiento, una misión; luego, la forma en que lo ejecutas es la que dictamina tu éxito o fracaso. Bebí ron hasta que me empecé a entonar de nuevo… cómo me faltan un par de pases para que la bebida me pase sin filtro. En aquella tarde soleada, la humedad se metía en mi vehículo sin aire acondicionado y nos hacía sudar. Menos mal que en un par de meses ya no tendré que andar en este cacharro cuando me compre una Toyota último modelo full sonido para sacar a todas las jevitas de las discotecas.

-Es esa, esa es la casa. —Me dice Víctor-.

- ¿La de rejas blancas y paredes verdes?

-Esa misma es.

- ¿El carajo te tiene confianza?

-Bastante, estudiamos juntos en la universidad.

- ¿Quiere decir que no estará acompañado?

- ¿Qué quieres decir con acompañado?

-Tú sabes, con gorilas a los lados para cuidarle la merca.

- ¡No!, qué va, el Nené y yo somos altos panas, por eso me ofreció el negocio cero peo.

-Bueno, fino, dile que nos abra.

- ¿Dónde tienes el billete?

-Ahí lo tengo en el bolso.

-Pero nunca te dije cuánto era.

-No te preocupes, traje suficiente. Yo sé cuánto cuesta la vuelta esa.

Nos bajamos del auto y cerramos la puerta. Una sensación apremiante de adrenalina comenzó a circular por mi cuerpo, mientras Víctor Archila camina dos pasos hacia adelante; el desgraciado lleva camisa negra y debe estar sofocado por el calor. De repente, se asoma en la reja un carajo flaco y espigado, cabellos churcos y cara de hippie; este pana es un tremendo marihuanero y nada más y, como saben, los marihuaneros no sirven para hacer negocios, andan solamente en su vaina romántica de amor y paz, y no conocen el mundo real. El tal Nené abre la reja, Víctor lo abraza, el carajo luce contento de saludar a su amigo y me lo presenta:

-Él es el pana que te dije, se llama Luis Restrepo.

-Mucho gusto, mi brother –Le digo-.

-Hermano, es un placer, mi casa es tu casa – Responde-.

¡Hippie, imbécil!, ¿mi casa es tu casa? Ya lo veremos.

Subimos por unas escaleras anticuadas detrás de un garaje y llegamos a una especie de apartamento; cuando el hippie abre la puerta, Víctor Archila pasa adelante y yo voy después.

- ¿Trajeron el dinero? –Pregunta el hippie-.

-Claro, mi pana, por eso traje a Luisito, este tipo es un comerciante de primera –Dice Víctor

Archila-.

- ¿Tienes la mercancía completa? —Pregunto-.

- ¡Uy, brother, este pana anda como azaroso! —Comenta el hippie-.

-No, no, nada que ver. Ya bájale, Luisito. Y mira Nené, ¿a dónde te vas?

-Me quiero ir a mochilear con mi jeva hasta donde lleguemos. Por eso necesito las lucas. Arrancamos desde Cúcuta y le damos a Bogotá y bueno, ahí vemos hasta dónde nos lleva. La idea es cruzar Sudamérica.

- ¡Qué tripeo, men! Suena genial.

-Sí, mi pana, hay que vivir la vida al máximo, pues este pueblo está poniéndose como peligroso.

-En eso tienes razón —acoté-.

- ¿Y qué tal, Víctor, que te saliste de la universidad?

Mi impaciencia comenzó a crecer. Estos malditos hippies piensan que van a vivir dos mil años cuando lo que yo quería en este momento era ir directo al grano, sacar la mercancía y llenarme de billete…, pero este pana no para de hablar, de hacer preguntas estúpidas e insistir en las mismas sandeces; les falta visión y determinación, y por eso siempre serán un pedazo de escoria.

-Mira, Luis, mi pana, ¿no quieres un porrito?

-No, mi viejo, gracias, no fumo maría.

-Coño. Perdón, mi brother.

-No, nada que ver, si quieres fumar, adelante.

- ¿Tú quieres, Víctor? ¿Te acuerdas de los pegues en la universidad? Qué tripeo.

- ¿No tendrás algo de white mejor? —Preguntó Víctor Archila-.

-Jaja, épale, dándole ahora a la blanca, quién se lo iba a imaginar. No men, yo le bajé a esa vuelta, me tenía cabezón. La verde me relaja más, ando más chill.

-Bueno, ¿vamos a ver la mercancía, o qué? —Insistí una vez más-.

-Men, ¿tienes apuro? —Pregunta el hippie-.

-Mi hija está enferma, tengo que hacer rápido este negocio para poder llevarla al médico.

- ¡Oh!, lo siento, no sabía, de haberlo dicho antes... ya voy, ya traigo la marihuana.

Cuando el hippie se perdió entre los pasillos del pequeño apartamento, y Víctor Archila empezó a reclamarme con susurros sobre mi actitud atropelladora, lo mandé a callar y le dije que no se entrometiera. A los cinco minutos, salió el tal Nené con una paca negra.

-Ahí está, pueden revisarla si quieren. Es de la buena.

Me arrodillé con Víctor Archila y desnudamos la paca negra; adentro estaba envuelta toda la mercancía y rasgué un poco el envoltorio. Tenía razón, era de la buena.

- ¿Y el dinero? —Preguntó el hippie saliéndose por primera vez de su parsimonia y mostrando gestos de ansiedad-.

-Mi brother, ¿amor y paz, no? –Le respondí-.

- ¿Qué quieres decir? –Preguntó nuevamente el hippie-.

-Déjate de juegos, Luis Restrepo, dale el dinero a Nené y vámonos de aquí –Acotó Víctor Archila-.

- ¡Esperen, esperen!, ¿cuál es el apuro ahora? La conversación empezaba a ponerse interesante, ¿cuánto dijiste que era por todo?

El hippie comenzó a darme explicaciones sobre el precio de la droga: el paro de transporte en el vecino país había jodido el tráfico, había escasez y por ello estaba tan costosa; pero, a mí, sus explicaciones me sabían a mierda y no le daría un solo centavo. Entonces descargué mi bolso y lo coloqué sobre una mesa que estaba a mi costado e introduje mi mano hasta sentir el frío revólver compenetrarse con mi tacto; casi me costaba creer que estaba a punto de quitarle la vida a un ser humano, pero, a su vez, pensaba: ¿en qué va a cambiar el mundo con la muerte de esta basura? Mi corazón no paraba de latir e imaginé que se debía de pronto a la ansiedad de la primera vez. Quizás debía ir entrenándome poco a poco para llegar a tener la sangre más fría.

-Fue un placer hacer negocios contigo –Le dije al hippie-.

Desenfundé mi arma y la apunté de inmediato a su frente tan rápido, que al tipo no le dio ni tiempo de reaccionar; cuando se abrió su boca de forma espontánea producto de la sorpresa, la bala ya estaba alojada siguiendo la trayectoria que iba perforándole su cráneo. Víctor Archila reaccionó de inmediato, gritó y trató de írseme encima mientras el cadáver de su amigo Nené recién acababa de desplomarse y caer al suelo.

- ¿Te has vuelto loco? –Gritó Víctor Archila-.

- ¿Te vas a poner del lado mío, o del lado de los cadáveres?

-Pero, ¿qué te pasa? Veníamos a comprarle la marihuana. No tenías por qué matarlo.

- ¿Y tú tenías el billete para pagarle, pajudo? Estoy haciendo esto por los dos, porque ahora si vamos a poder hacernos las lucas.

-Pero no, ¡no!, yo no me prestaré para esto, no lo voy a hacer.

-Mira, menor, te lo pregunto por última vez, ¿estás conmigo, o estás con los muertos?
Si quieres te puedo volar las tapas como al hippie de mierda este.

- ¿Pero, qué te pasó, Luis? ¿Qué te sucedió? Tú no eras así, tú no eras así…

-Me pasó que me cansé de que estuvieran pisoteándome, me mamé de tener que estar rogando para conseguir de la white, de que tuve una hija y tengo que darle de comer, porque no puedo ponerla a pasar necesidades. Y si para ello tengo que deshacerme de un par de escorias, no me va a temblar el pulso. Ahora, ¿qué vas a hacer, Víctor Archila? ¿Te pegas, o te vas a mariquear?

-Yo no quiero, yo no quiero ser parte de esto. Te juro, te juro, que no le diré a nadie de esto, pero...

De pronto, escucho un sonido proveniente de la habitación de donde el hippie había sacado la marihuana, mando a callar a Víctor Archila y me acerco sigilosamente. El ambiente de gritos se transformó de repente en un silencio absoluto; abro la puerta y no parece haber nadie en la habitación, camino hasta el baño y veo que la ducha está vacía... cuando abro el armario, ¡oh no!, me encuentro qué sorpresa, no puede ser, ¡no lo puedo creer!, ¡maldito hippie!, maldito y miserable hippie... es un tesoro de mil ciento cincuenta dólares en efectivo, todos los ahorros de este hijo de puta. Tomo el dinero y lo meto en mi bolsillo (ya tengo resueltas mis deudas, pienso), pero en el momento en que estoy a punto de cerrar la puerta y abandonar emocionado la habitación, vuelvo a entrar y me agacho para ver debajo de la cama en donde yace una mujer llena de lágrimas en su rostro.

- ¡Mi amor!, cuánto lo siento, estabas en el sitio equivocado a la hora equivocada.

Como ya accioné mi arma una vez, elijo halarle de los pies para luego ahogarla, (un disparo puede pasar por la detonación de fuegos artificiales, pero ya dos es diferente); la mujer empieza a gritar, le propino un golpe en el estómago para sacarle el aire, y en el momento en que saco su cuerpo por completo y la empiezo a estrangular mientras ella intenta defenderse inútilmente, siento un golpe en la cabeza.

- ¡Maldito Víctor de mierda!

-No tienes por qué hacer esto Luis, no tienes por qué, de verdad, tranquilízate, no la mates, ¡no la mates, por favor!

Furioso, saco una vez más el revólver de mi cintura.

-Tú pudiste haber sido uno de los míos –Le digo a Víctor Archila-.

Cuando le apunto a la cabeza, empieza a pedirme misericordia, pero ya estaba decidido que había perdido su oportunidad de vivir: el cielo no se posa a sus pies dos veces en una misma tarde. Voy acercándome, él se arrodilla, me implora, y cuando ya está a mi merced, le golpeo la cabeza en repetidas ocasiones con el arma, me encarnizo, y no me detengo hasta ver su cráneo totalmente deforme y lleno de sangre; en el momento en que me percato de que ya no respira más, vuelvo a la habitación en donde la mujer que yace postrada en el suelo, parece haber muerto también. Observo a mi alrededor, y me cuesta creer que le quité la vida a tres personas en menos de cinco minutos; pero no siento pena ni pesar al saber que algunos hombres eligen tan solo sobrevivir, mientras otros deciden rendirse a la potestad de los más fuertes; yo, por mi parte, no sirvo para eso, a mí me temen, o me temen.

Tomo las pacas de marihuana y las meto en el bolso que traje. Para cuando la policía se percate de los asesinatos, ya habrán pasado algunos días; en este país, una muerte es un evento de absoluta cotidianidad y ningún agente va a devanarse los sesos por descubrir quién asesinó a un par de hippies y a un imbécil. Cuando ya estoy a punto de marcharme, se me viene una corazonada: ¿realmente asesiné a esa mujer? ¿Habré tenido suficiente tiempo para dejarla sin vida? Entonces vuelvo a la habitación para chequear sus signos vitales, su pie derecho parece haberse movido un poco, acerco mi mano a su pecho y siento latir su corazón.

- ¡Maldita, perra mentirosa!

Cuando estrello mi puño contra su rostro, la impostora comienza a gritar y aplasta mi pene con su rodilla.

- ¡Zorra, zorra, vas a morir! –Le digo-.

Con mi mano derecha tapo su boca y con la izquierda estrangulo su cuello; poco a poco, va dejando de respirar y sus piernas dejan el pataleo, pero esta vez sí me aseguro de que haya perdido la conciencia por completo; en medio del forcejeo se ha desgarrado su vestido y al ver algunas partes de su pecho, la virilidad masculina me obliga a despojarla de sus prendas… ¡maldita hippie!, tiene unas tetas demasiado grandes para el estilo de vida que llevó. Entonces pienso en penetrarla, pero, ¿si ya está muerta? ¿Estaré tan enfermo? ¿Seré capaz de cogerme una muerta? Sin embargo, mi pene empieza a levantarse y a él no le importa si ese cuerpo moribundo respira o no… él solo ve las tetas y no puede evitar sentirse excitado, se pone templado, pero cuando voy a tocarlo me arde y las quemaduras se hacen sentir. Entonces, me replanteo la situación porque no puedo cometer errores, ¡no!, no puedo…, si me cojo a esta mujer, quedarán rastros de mi semen en su cuerpo y eso me delataría.

Me paro y dejo el cuerpo tirado en el suelo, asegurándome de limpiar bien los lugares donde creo que hayan podido haber quedado impregnadas mis huellas, al igual que el antiguo revólver de mi padre. Coloco el arma en las manos de Víctor Archila y disparo al cadáver del hippie una vez más; por pura precaución, extraigo el teléfono de Víctor Archila y me lo llevo, porque no quiero que haya forma de que lo vinculen conmigo. Finalmente, tomo el bolso y me despido de los muertos sin dejar ningún rastro.

7

¡Aló!, ¿Costello? Ya tengo tu dinero, pasaré a dejártelo de inmediato. No quiero más problemas, ¿vale?

- Luis Restrepo, amigo mío, qué gran noticia. Así me gusta escucharte, ¿qué hiciste?

¿Robaste una vez más a la suegra?

- No, mi hermano, esos días quedaron en el pasado. Ya te dije, una gente me debía una plata, y solo me encargué de que me pagaran, es todo.

- Yo acabo de salir, pero allá quedó el Pancho; entrégale el dinero que yo me aseguraré que no te vuelva a molestar.

- Voy de inmediato; Costello, una cosa más…

- ¿Sí?

- Dile que me saque cinco gramos de la blanca.

- ¿Tienes cómo pagarlo?

-En dólares. Por eso no te preocupes.

-Así me gusta hacer negocios contigo.

-No te preocupes, a partir de ahora, nuestra forma de hacer negocios va a cambiar.

[...]

Afuera de la casa de Costello me espera el Pancho, y cuando ingreso al garaje, da un par de pasos con su cara de maldita rata aproximándose a mi vehículo.

- ¿Dónde está el dinero? —Me dice de inmediato-.

-No te preocupes, lo tengo aquí, ¿tienes lo mío?

- ¿Desde cuando haces tú las preguntas? Dame el dinero primero, Costello dijo que pagarías en dólares.

-Tranquilo, mi hermano, aquí lo tengo todo, y hasta para darte propina.

- ¿Qué hiciste? ¿Robaste un banco?

-Todo bien, hermano, aquí está lo suyo.

-Tenga su mierda, Luis Restrepo, espero no volver a verlo por aquí.

-Un placer haberlo visto, Pancho.

- ¡Ah!, por cierto…

- ¿Qué pasa?

- ¿Cómo sigue la chiripita quemada?

El maldito del Pancho empezó a reír, yo subí el vidrio de mi carro y arranqué; camino de vuelta a mi casa me juré que cobraría venganza contra esa maldita bestia.

8

Regresé a casa sabiéndome poseedor de una pequeña fortuna que pronto empezaría a crecer. En el camino, llamé a Oliver Matamoros pues, seguramente, él sabía dónde era la fiesta de la que Víctor Archila me había hablado. El teléfono repicó un par de veces, pero nunca contestó; ¿será que me está evitando, el muy desgraciado? En el trayecto, esnifé un par de líneas y me volvió la vida, casi sentí lástima por el imbécil de Víctor Archila, pero él mismo se buscó su destino, y uno no puede tener lástima en este mundo por nadie, salvo por los hijos.

Llegué a mi edificio una vez más y subí el ascensor asegurándome de dejar la mercancía en el portamaletas cerrado; cuando abrí la puerta de mi apartamento, me percaté de que Erika había vuelto.

-Cariño, ¿cómo te fue?

Ella no pronunció palabra, parecía seguir molesta.

-Ven, no peleemos más, hoy fue un gran día. Alégrate.

-La niña sigue enferma –respondió a secas-.

- ¿Necesitas el dinero para la consulta? Ten, toma cien dólares, cámbialos y compra lo que necesitas.

- ¿De dónde sacaste ese dinero, Luis?

-Te dije que tenía pendiente unos negocios, no tienes de que preocuparte.

-Pero, Luis…

-Con un contacto del gobierno conseguí productos de primera necesidad a precio regulado, ya después revenderlo, es lo más sencillo del mundo.

- ¡Ay, Luis!, cuánto me alegra, de verdad.

 Cuando me acerqué al corral y vi que la niña estaba dormida, me senté en el sofá y me bajé los pantalones.

- ¡Erika, ven aquí!

- ¿Luis?

- Bésalo, ven, necesita que lo beses, acarícialo con calma.

- Pero, qué… ¿por qué está tan rojo? Luce maltratado, ¡Luis!

- Es una larga historia, no te preocupes, no volverá a ocurrir. Ven, chúpalo, eso es todo lo que necesita. Quiero llenarte la boca de semen.

9

A las 7:15 de la noche, apareció Oliver Matamoros, recibo la llamada de su celular y voy a la sala para hablar con él.
- ¡Aló!
- ¡Ho! Mi pana, ¿cómo estás? Estaba dormido, por eso no te había contestado.
- ¡Verga!, ¿hasta qué hora le diste?
- ¿Qué? Yo creo que no he dormido. Pero necesito caerme a pases, estoy que muero.
-Aquí te tengo unas líneas pa' cuando quieras.
- ¿Me estás cagando, verdad?
-Brother, me extraña, tú sabes que yo soy un tipo serio, pues yo no ando como los carajitos cayendo a paja.
- ¿Nos pegamos la rumba?
-Sí va, Víctor me había hablado de una rumba en casa   de…

-Sí claro, donde Villasmil, el enchufado, para allá van puras perras.

- ¿Conoces al tipo? ¿Vamos para allá?

-Por supuesto, nos invitó a Víctor y a mí; por cierto, ¿has hablado con él? He estado llamándolo, pero el carajo nada que contesta.

-Justo iba a preguntarte lo mismo porque yo también lo llamé y nada, ni idea.

-Quién sabe qué le habrá pasado, seguro sigue muerto...

-A lo mejor. A lo mejor sigue muerto –respondí-.

-Bueno, qué coño, ¿entonces, te llego a tu casa?

-No, no, aquí está Erika y la niña, mejor yo te busco en un rato. Estate listo.

-Fino, si va.

[...]

Me metí a bañar para quitarme el sudor y la peste del día... pues en las últimas veinticuatro horas, no solo llevaba unos cuantos golpes y quemaduras en mi cuerpo, sino también tres muertos encima. Me pasé el jabón por mis partes íntimas, lo restregué en las axilas, en medio de mis piernas, me aseguré de limpiar bien el culo y me di cuenta que mi pene todavía se encontraba adolorido. Cuando salí del baño, Erika estaba amamantando a la bebita, me acerqué a Clara y le di un beso en su frente; al ver esos ojos tiernos e inocentes, tuve la certeza de que estaba haciendo lo correcto: mientras yo viva, a esa niña no puede faltarle absolutamente nada.

Empecé a vestirme con una camisa a cuadros y unos pantalones, y mientras me peinaba, Erika empezó con la interrogadora:

-No molestes, mujer, tengo una reunión de negocios. Tú sabes cómo es, hay que complacer a los enchufados y llevarlos de fiesta para que sigan dándote contratos.

De inmediato guardó silencio y no puso ninguna objeción; me preguntó si quería cenar y le dije que no, pues la coca siempre hace que uno pierda al apetito.

Me subí nuevamente al carro y tomé la botella de ron; en lo que iba del día, ya llevaba más de la mitad solo en shots; y pensar que Víctor Archila, quien hacía solo un par de horas yacía muerto, fue el que inauguró esta botella conmigo.

Oliver Matamoros vivía en casa de sus padres a un par de cuadras de mi apartamento en Barrio Obrero, una quinta enorme rodeada de jardines de esas que ya no se construyen; en esa casa se había fraguado la perdición del menor de los Matamoros, pues sus padres siempre se la pasaban viajando a Europa y Asia y habían dejado a su hijo al cuidado de unas muchachas de servicio que no supieron contenerlo. Así había pasado su vida Oliver, desperdiciando la fortuna de sus padres, dañando su cuerpo desde temprana edad, y cogiéndose a cuanta jeva se le pasara por delante; creo que de necesitar un socio adecuado, este sería el tipo correcto; todo lo que tenía que hacer, era engatusarlo con drogas y llevarlo poco a poco y con paciencia.

[...]

A lo lejos, lo veo venir desaliñado como siempre, con pasos intermitentes y con botella de tequila en mano.

- ¡Mi hermanazo!, ¿cómo sientes el ambiente de esta noche? —Me pregunta-.
- Bien, bien, y con esos ánimos tuyos, mucho mejor.
- ¿Vamos a pegar un soplo?
- Tenga, mijo, aspírele.

Coloqué la línea de cocaína en mi mano y el maldito de Oliver Matamoros se la jaló de un solo golpe; yo sabía que teniéndolo allí comiendo de mi mano, el hijo de puta haría cualquier cosa que le pidiera.

- ¿Qué vamos a hacer? —Le pregunto-.
- Unas jevitas, unos tragos, una vaina.
- ¿Vamos de una a la fiesta? —Vuelvo a insistir-.
- No, brother, qué va, todavía es muy temprano, van a pensar que somos gente desocupada.
- ¿Nos comemos unos culitos antes?

- ¿Qué tienes pensado? —Me pregunta con interés-.

-Unas prepago de la Católica, ¿las sacamos, o qué?

-Esas mismas fueron.

Saco nuevamente mi celular y empiezo a hacer un par de llamadas. Madame Sofía, una vieja escurrida y asquerosa que tiene una casa a un par de cuadras de la universidad, es quien controla el tráfico de mujeres en la ciudad (ofrece las habitaciones de su hogar como residencia a las estudiantes que vienen de otras ciudades y poco a poco, las va metiendo en ese mundo).

- ¿Hola? Madame Sofía, le habla su amigo, Luis Restrepo, ¿cómo está usted?

- ¿Luis Restrepo? ¿Luis Restrepo? ¿Qué no eres tú el carajo que venía con Leandro Zambrano?

-Ese mismito, ¿recuerda? El mes pasado fuimos y le alquilamos a tres de sus mujerones.

- ¡Ay, papá!, disculpe, con tanto macho que visita estas cuatro paredes, a uno hasta se le olvidan los nombres.

-No se preocupe, Madame, ¿cómo está todo? ¿Cómo va el negocio?

-Pues mijo, figúrese usted, jodido; ya los estudiantes no tienen tanto poder adquisitivo como antes y ahora hay que reinventarse para dar un servicio más corporativo. Estamos en eso, pero tengo que ir con calma porque uno no

POR QUÉ PREFIERO SER UN NARCO

puede soltarle esas muchachitas tan crudas a los viejos.

-La entiendo, la entiendo. Precisamente por eso la llamaba. Tengo aquí a un amigo que vino desde Margarita, solo para conocer a las mujeres de Madame Sofía. Es usted famosa en toda Venezuela.

-No puede ser... ¿De verdad? Bueno, tráigalo y aquí lo atendemos como Dios manda.

-Me alegra escucharla decir eso porque en un par de minutos estaremos allá. Puede ir arreglando la mercancía.

[...]

Llegamos en un santiamén a las antiguas edificaciones donde se albergan las mujeres más corrompidas de toda la ciudad venidas de Maracaibo, Mérida, Valencia y el resto del país con los sueños de convertirse en profesionales pero que terminan convertidas en putas (hoy día les llaman 'prepago'). Estaciono mi auto en las oscuras y deterioradas calles del centro, y el vigilante de la casa de Madame Sofía, me promete echarle un ojo al vehículo; mientras le doy algo pal' fresco, en la entrada de aquel edificio desagradable me recibe la anfitriona. Antes de dirigirnos hacia ella, le digo a Oliver Matamoros que me siga la corriente.

- ¿Luis Restrepo, Luis Restrepo eres tú? —Me

pregunta la doña-.

-Por supuesto, Madame Sofía, qué placer verla más hermosa que nunca.

La vieja se me acerca emocionada, y pega sus labios babosos y arrugados a mi mejilla derecha impregnados en un perfume agrio con el que intenta ocultar su putrefacta vejez.

- ¿Y este galán, quién es? —Pregunta, sin quitarle los ojos de encima a Matamoros-.

-Él es mi amigo margariteño del que le hablaba, Madame, vino de la isla directo a su casa y le prometí que nos complacería con sus mejores mujeres.

- ¡Ay, pero por supuesto!, a este chico tan guapo las niñas no le van a querer cobrar.

Oliver Matamoros sonrió sonrojando sus cachetes e inmediatamente se acercó a Doña Sofía y le besó la mano.

-Madame, es todo un placer —Le dijo con coquetería-. ¿Me acepta la invitación para tomar un trago de tequila?

- ¿Tú como que quieres emborracharme?

-Por supuesto, ¿para qué querría estar sobria? —Le dijo-.

- ¡Ay, Luisito!, tienes que traerme más seguido a estos amigos tan encantadores. Te acepto el trago, pero déjame ir primero a buscar a las niñas.

Cuando Madame Sofía se perdió detrás de una cortina, Matamoros empezó a reír.

-Estás que te coges a la vieja, ¿no? –Le pregunto-.

-El que coge viejas, coge doble.

- ¡No, marico!, eres un desagradable, yo pensé que yo estaba loco, pero tú…

- ¿Nunca te has cogido una vieja?

-No, una así, nunca, ¡nunca!

-No sabes de lo que te pierdes. Esas carajas tienen la experiencia de la vida y las ganas del universo. Lo maman como las diosas, te juro que no te arrepentirás.

-No sé, no me imagino a Doña Sofía meneándose…

-Pruébalo, y verás…

Tras los sádicos comentarios de mi amigo Matamoros, Madame Sofía salió detrás de la cortina en compañía de sus cinco niñas prepago; las cinco salieron en faldas y sostenes con lencería negra, labios rojos y cabello lacio.

- ¡Qué hermosas mujeres! -Exclamé-.

-Tú lo sabes muy bien, aquí solo lo mejor.

Oliver Matamoros casi se les tira encima como perro en celo.

- ¡Las quiero a todas! –Susurró de inmediato en mi oído-.

-Espera, espera, déjame negociar con la vieja.

Me acerqué y comencé a verlas detalladamente: había una morena con un culo que no podía dejar de observar. Cuando fui a ponerle las manos encima, Madame Sofía me advirtió.

- ¡Espera!, ¡espera!, querido Luis, no money, no business.

-Doña Sofía, no sabía de sus conocimientos de otros idiomas.

- ¡Ay, mijo!, aquí hemos tenido clientes que vienen desde Cúcuta, incluso los Estados Unidos, Italia y China… somos una empresa internacional. Y si no me crees, que lo digan mis damas aquí presentes.

—Y, hecho su comentario, comenzó a reír con una gracia absurda-.

-Con la calidad de mujeres que tiene usted aquí, no lo pongo en duda.

Con mis ojos seguía estudiando la mercancía y cada segundo que pasaba observando a las mujeres, era un segundo en el que se rebajaban las pretensiones económicas de la Madame; con este tipo de gente uno tiene que aprender a negociar, eso lo aprendí con los dealers callejeros aunque, por supuesto, estas tácticas no aplican a tipos como Costello. Había una pelirroja, una rubia artificial, la morena, otra de piel trigueña y ojos claros, y una quinta más blanca que la leche, todas con senos operados, ojos excesivamente maquillados, labios rojos, diseños de sonrisa, mujeres cuyos cerebros están programados únicamente para ponerse buenas y dejarse coger por gente con plata.

- ¿Cuánto por la de piel trigueña? –Pregunté-.

- ¡Ay Luisito!, no, no, qué pena, de negocios no se habla frente a los empleados.

Usted coja las que quiera, luego usted y yo arreglamos.

- ¿Seguro, Doña Sofía?

-Segurísima.

-Matamoros, escoge una. —Le dije-.

-Yo no puedo con una, yo necesito dos.

-Eso me gusta. Él me gusta, Luis Restrepo, ¿cómo me dijiste que se llamaba?

-Oliver Matamoros.

- ¡Oh, sí!, los hombres de la isla son muy encantadores.

-Las mujeres de los Andes, también —agregó, el adulador-.

La Madame, comenzó a reír. A esas alturas, no sabía bien lo que Matamoros se traía entre manos, y finalmente dijo:

-Sería un placer compartir a la morena con la rubia, haríamos una mezcla genial.

- ¿Piensan sacar a las niñas de la residencia, o desean habitaciones? —Preguntó la vieja-.

-No, no, sería mucha molestia; además, tenemos negocios por resolver en un par de horas.

¿Podríamos ocupar sus cuartos? —Pregunté-.

-Por supuesto, por supuesto. ¿Dos habitaciones, o desean compartir?

-No somos personas egoístas, Madame Sofía, Ud. sabe que donde caben dos, caben cinco.

-Me encanta, me encantan las personas así. Niñas, ya saben, ustedes tres, Lorena, Yuri y Karla, vayan a la habitación japonesa y prepárense. Ustedes dos, galanes, vengan conmigo, que debo darles la charla previa.

Madame Sofía nos dirigió a una pequeña habitación a mano derecha de la recepción que hacía las veces de oficina; una vez allí, su actitud encantadora se desvaneció, y apareció otra determinante.

-Y bien, ¿cómo piensan cancelar? Ya sabes por qué tu amigo Leandro dejó de venir, y no quiero que ocurra lo mismo contigo.

-Doña Sofía, me sorprende, usted sabe bien que soy un hombre de palabra. Dígame de cuánto estamos hablando y le cancelaré de inmediato.

-Por la noche, cada una de ellas cobra ciento cincuenta mil bolívares, pero como solo será un par de horas y tu amigo es delicioso, les dejaré todo en trescientos.

Matamoros se acercó a mí por la espalda, me tocó el hombro y me dijo al oído:

-Déjame negociar con la vieja.

Yo me hice a un lado y el tipo empezó a hablar.

- ¿Me acepta, ahora sí, el trago de tequila?

-Por las buenas, puedo darte mi cuerpo, amigo mío, pero no rebajarte ni un solo centavo.

-No espero tal cosa, ¿le molesta si aspiro un poco de coca?

-Quizás podamos compartir.

- ¡Ah!, ¿con que eso le apetece más?

-Por supuesto, esa droga me rejuvenece.

-Pues, no se diga más, Luis Restrepo, sírvele a nuestra amiga Sofía un jalón.

Me acerqué al escritorio de la Madame y esparcí la cocaína; ella, sin recelo, acercó su nariz y de un soplo limpió la mesa, luego se manoseó la nariz y respiró hondo.

- ¡Ha! Esto era lo que necesitaba – Dijo en voz alta-.

- ¿Y, el tequila? –Preguntó Matamoros-.

-Ahora sí, invítame lo que quieras, mi amor.

La doña le aceptó un par de shots a mi compañero e, increíblemente, había logrado ablandarla... y eso, eso era algo que yo nunca había visto en mi vida; en definitiva, -me dije-, éste es el carajo que necesito a mi lado. Tras palabrearla, la Madame se dispuso a aceptar 150 dólares y resultamos pagando tres por el precio de una. Entonces, nos encaminamos hacia la habitación, y cuando ingresamos, estaban las tres mujeres desnudas acostadas en la cama, con las piernas abiertas.

[...]

Oliver Matamoros lamía la vagina de la morena con una dedicación especial; en mis años de vida, jamás vi a un hombre haciéndole sexo oral a una puta con tanto empeño. La pelirroja, mientras tanto, me lo mamaba, pero mi pene seguía afectado por las quemaduras, razón por la cual no quería sobrepasarme con la acción y me regocijaba viendo a la rubia lamer los senos de la morena e intercambiar unos cuantos besos. Yo me encontraba muy cómodo desde mi tribuna observando el trío de Matamoros con las dos putas, quien, de vez en cuando, aspiraba una nueva línea y ponía a la pelirroja a que hiciera lo mismo; mi compañero había emborrachado a las suyas a punta de tequila, hasta que acabó la botella; cuando se hartó de usar su lengua, puso en cuatro a la morena para deleitarse con su culo, se lo metió con todo y manejándola desde el cabello, la ponía a hacerle sexo oral a su compañera. Aquellas escenas eróticas me hicieron eyacular muy pronto llenando de semen la boca de la pelirroja; pero Matamoros no se detenía, y cuando sintió que estaba por venirse, se paró de la cama y vino a pedirme otro pase, se lo esnifó y volvió a la cama. De pronto, escucho que se abre la puerta y me volteo escandalizado de un susto cuando veo a Madame Sofía ingresar desnuda a la habitación.

- ¡Quiero tirarme a ese margariteño! –Me dice-.

Yo guardé silencio... quedé atónito al ver ese cuerpo lleno de arrugas en busca de acción; al percatarse del hecho, Matamoros sacó el pene del ano de la morena, invitó a la vieja a acercarse y se lo metió en la boca... el muy maldito lo había hecho y lo disfrutaba como nunca, mientras yo me lamentaba de que se hubiese acabado el tequila y maldecía a la vez al hijo de las mil putas del Pancho por haber lastimado mis genitales. A pesar de que ya estaba exhausto, llamé a la rubia y le pedí a la pelirroja que se sumara al otro grupo al que también llegó directo a mamarlo, pero una vez que Oliver Matamoros agarró a la vieja, no la soltó más, y el único momento en que se lo sacó, fue para acabarle en la cara a las otras dos putas.

[...]

Después de la culeada, el hijo de puta hizo que la vieja le devolviera el dinero, había quedado tan satisfecha, que dijo sentirse apenada de habernos cobrado. Esa noche éramos los reyes del universo, Dios, y por encima, nosotros dos. Luego de la medianoche, nos dirigimos inmediatamente a la casa del enchufado que quedaba en la carretera vía Peribeca, una villa a las afueras de la ciudad con piscina, salón de fiesta, caballeriza, y una colección de camionetas rústicas.

- ¡Maldita sea, Matamoros!, una casa así es la que necesitamos.

-Sí, pero, ¿cómo se hace tanto billete?

-Tranquilo, yo sé cómo, pero hay que echarle bolas.

Una vez adentro, Oliver Matamoros me dirigió hacia el tal Ernesto Villasmil, un carajito de veinte años con ropa de marca y cabello engominado hacia atrás; su papá, era compadre del ministro de planificación y tenía contratos hasta por los codos; uno puede darse cuenta del nivel que tiene la gente cuando observa puro whisky 18 años en las mesas, y más de diez mesoneros dedicados exclusivamente a llevar pasapalos. Aunque su papá era el de la plata y el chamito un pobre pendejo que me había saludado con desprecio creyéndose la gran mierda, uno con esa gente siempre debe tratar de estar bien. La casa estaba infestada de mujeres, nos caímos a rones y empezamos a socializar por todo el lugar donde habían puros chamitos hijos de papi y mami, carajitos a los que, desde pequeños, les llenan de plata los bolsillos y empiezan a drogarse y malgastarse el dinero en las más grandes estupideces. Esas pobres almas son las más susceptibles y manipulables del planeta tierra, pero la única forma de que te presten atención, es siempre y cuando te pasees frente a ellos con ropas de marca y alardees de tu situación económica. Si eres lo suficientemente astuto, puedes convencerlos de invertir una millonada en algún "negocio millonario" y ellos irán con sus padres a pedirles el dinero para "emprender" aunque, por lo general, sus padres no se los darán, pues saben que sus hijos son unos inútiles, a los que solo les dan lo suficiente como para que se emborrachen, coman, cojan, procreen, y mueran con dignidad.

Ya había perdido la cuenta de la cantidad de líneas que me había metido durante el día y no recuerdo cuándo fue la última vez que me soné tanto la nariz; ahora sentía que podía aplastar a todos los malditos de esa fiesta si lo quería, y cogerme a todas las putas restantes. La verdad, la cocaína es lo más delicioso que existe, y si el ser humano es omnipotente, lo es, pero únicamente bajo su presencia, y quienes no la consumen, son unos idiotas y por eso, siempre seguirán siendo insectos.

Uno de los mesoneros no paraba de mirarme. ¿Será que el imbécil aquel nunca había visto a un tipo adinerado? Me tomaba los tragos de whisky en cuestión de segundos y, de vez en cuando, tiraba un poco al piso para que tuviese que agacharse a limpiarlo.

- ¡Imbécil!, sí, tú, el de corbatín, tráeme otro trago, ¿qué no ves que se acabó?
Esta pobre gente sin plata hace cualquier cosa

por un par de bolívares. Al rato me percaté que Oliver Matamoros se había desaparecido de mi lado, ¿dónde estará el condenado ese? No me extrañaría que esté detrás de un par de faldas.

Empiezo a recorrer nuevamente todo el lugar en busca de mi compañero e intercambio en el camino con un par idiotas cuando, de pronto, veo ingresar al lugar a Leandro Zambrano que viene con su novia, esa puta que llevo años queriéndomela follar.

- ¿Luis?, Restrepo, ¿qué haces aquí?

- ¿Qué pasa? ¿No soy lo suficiente high, como para estar aquí?

-No es eso, no sabía que conocías a…

-Claro, tú si puedes conocer a los enchufados. Yo no…

-Últimamente estás muy a la defensiva, ¿qué pasa contigo?

-Despreocúpate, amigo, no es de tu incumbencia.

-Oye, espera, espera… sí es de mi incumbencia –Me dice, tomándome de pronto del brazo-.

-Espero que tengas una buena razón para haberme agarrado del brazo.

-Me debes dinero.

- ¿Yo? ¿Deberte dinero, a ti, pequeño hijo de puta? ¿Quieres que te haga quedar mal frente a tu novia?

- ¿De qué estás hablando? ¿Quién eres?

-Luciana, tu novio aquí presente quedó debiendo

dinero en la casa de Madame Sofía, ¿sabes quién es? La dueña de la residencia donde se prostituyen todas las estudiantes de la católica. Tu novio es buen cliente.

La novia del malnacido, apenas escuchó eso, lo cacheteó y se fue enfadada…

- ¡Eres un maldito cabrón! –Me grita molesto-.

-Eso es para que aprendas a pagar tus deudas… y, por cierto, ya no tienes de qué preocuparte, pues ya resolví ese problema con la anciana. Pero ni se te ocurra volver a molestarme, porque vamos a tener un problema.

- ¿Qué te pasa a ti, maldito imbécil? ¿Qué se te metió a la cabeza? Solíamos ser amigos…

- ¿Amigos? Los amigos no existen, lo que existe, son los negocios.

- ¡Pequeño, hijo de puta!

Al escuchar su insulto, me le fui encima al infeliz y Leandro Zambrano trató de protegerse, pero en cuestión de segundos le rompí la camisa y la nariz; cuando el maricón empezó a quejarse y a llamar la atención, de pronto, uno de los de seguridad nos separó.

- ¡Saquen, saquen a ese desgraciado que estaba golpeando a su novia, no puedo soportar que un hombre maltrate a una mujer!

- ¡Es falso!, este infeliz es un maldito impostor, todo es mentira.

- ¿Mentira? Entró aquí con su mujer, búsquenla,

¿dónde está ahora?

- ¿Dónde está su mujer? –Preguntó uno de los de seguridad–.

Leandro Zambrano empezó a observar a sus alrededores sin poder encontrar a Luciana pues su novia se había perdido entre la gente y, con ella, toda su credibilidad; al tipo lo expulsaron a patadas del lugar, llevándose además la camisa rota y la nariz sangrando; ese maldito no volverá a acercarse a mí. Al rato llegó Oliver Matamoros preguntándome por lo sucedido pero no le di mayores explicaciones, y en vez de ello, le pedí que me acompañara afuera a fumarme un cigarrillo.

[...]

-Necesitamos ser jodidamente ricos como los payasos de esta mansión. –Le digo a Matamoros–.

-Si la riqueza fuese tan sencilla, todos la tuviéramos. Mira, te voy a decir la verdad: mis padres tuvieron mucho, mucho dinero, pero el país quebró todas sus empresas y ahorita están viviendo de lo que hicieron y no de lo que hacen. Y bueno, para llegar a esos niveles, tienes que trabajar mucho, y yo no tengo intenciones de hacerlo pues la vida es demasiado deliciosa y corta para gastarla trabajando.

- ¿Y si te digo que podemos ganar dinero fácil

sin trabajar?

-Te besaría en los labios y sería tu puta. Yo si hablo claro, yo podría prostituirme con tal de no malgastar mi tiempo trabajando. A mí únicamente me interesa el alcohol, las drogas y las mujeres.

-Eres un pedazo de mierda, Matamoros.

- ¡Ay!, qué bello, Luis Restrepo, tú también lo eres.

- ¿Cuáles de tus amiguitos son los más marihuaneros?

-Aquí todos fuman marihuana y otros perico, otros coca, otros ácido y pepas, otros anfetaminas, aquí hay para todos los gustos; estos malditos son como nosotros, pero con la salvedad de que sus papás se enchufaron y no tienen que preocuparse más por el dinero.

- ¿Has vendido droga alguna vez?

-He comprado millones de veces, pero no vendo, soy consumidor, no distribuidor.

- ¿Seguro la has compartido con tus amigos?

-Bueno, sí, es obvio.

-Y si te dijera que la compartas con tus amigos ricos, pero en vez de regalárselas les cobres, ¿qué dirías?

- ¿Qué tienes en mente?

-En mente, no mucho, pero en el baúl de mi carro tengo diez kilos de marihuana. Si logramos vender uno, haríamos buena cantidad de dinero.

- ¿De dónde sacaste eso? –Preguntó incrédulo-.

-Tú no te preocupes por eso, ¿la pasamos bien hoy? ¿Cierto? Si queremos seguir viviendo así con las putas y toda la coca, tenemos que producir, pues aquí todo el mundo está metido en alguna vuelta rara, y nosotros somos los únicos pendejos que estamos limpios. Si te fijas bien, toda esta cuerda de enchufados lo que hace es robar al país cuando los desgraciados consiguen dólares a 6.30, pues para ellos eso es más lucrativo que vender heroína. Y aquí los ves a los hijos de puta, con su cara bien lavada presumiendo todo su dinero, son puros nuevos ricos que ni siquiera tienen buen gusto los coño' e madres.

¿Entonces qué? ¿Nos vamos a quedar nosotros atrás? Vamos a ensuciar a esos carajitos, total, a este país ya hace tiempo que se lo llevó el diablo.

- ¿Cuánto hay pa' eso pues? Vamos a echarle bolas.

-Si ofrecemos un kilo de marihuana, podemos venderlo en mil quinientos dólares; hay que pedir en dólares y no en bolívares pues esos hijos de puta tienen billetes verdes guardados en algún lugar de la casa. Dile a ese carajito maricón que les ofrezca marihuana a las mujeres y cáele a coba tramándolo que eso es lo que está de moda en Miami y verás que el mamagüevo sacará la plata de donde sea porque esos tipos no piensan.

- ¿Y cuánto me queda a mí pues? –Preguntó

Oliver Matamoros de inmediato-.

-Te doy el diez por ciento de comisión.

-El veinte.

-El quince.

-Va, dejémoslo en quince, pero a mí háblame claro pues yo no sé de porcentajes ni estadísticas y solo dame una cifra.

-Eso serían doscientos veinticinco dólares.

- ¡Uff!, por venderle marihuana a un mariquito de esos, sí va. ¿Dónde está la droga?

-Pero, espera, ve y negóciala primero. Yo lo haría con gusto, pero a mí el chamo no me tiene confianza. No le digas que tú la estás vendiendo, tampoco que yo, éntrale con algo así como: mira, unas jevas están pidiendo marihuana, coño marico y si no les damos, las jevitas se van a ladillar y se van a ir. Entonces, cuando el carajito te diga que no tiene, dile que tú tienes un contacto y que lo puedes llamar de inmediato, y ahí estamos listos.

-Sí va, sí va, voy pa' esa. Ahora te busco.

Entonces, Oliver Matamoros se perdió otra vez entre la gente y fue en busca del peladito Villasmil; si se cerraba esta vuelta, ya tendría suficiente para buscarme un nuevo control y así, poco a poco, iría subiendo hasta tumbarme al maldito de Costello y bajarme al Pancho.

[...]

Fui a buscar un nuevo trago de 18 años tratando de tomar la mayor cantidad de alcohol posible pues, a fin de cuentas, todo esto había sido comprado con el dinero de todos los venezolanos… ¡malditos enchufados! Al rato, veo venir a Matamoros con una sonrisa en su rostro.

- ¡Está todo listo!, ya nos traen el efectivo, ve buscando la droga.

-Espera, espera, ven conmigo, tienes que entregársela tú.

- ¿Y dónde? ¿Cómo?

-Dile que mande un mesonero por la parte de atrás de la casa, se la daremos a él y que luego nos mande el billete.

-Voy y vengo.

Oliver Matamoros volvió a meterse entre la gente, pero, esta vez, no tardó siquiera un par de minutos, cuando ya estaba de vuelta conmigo.

-Listo, el tipo nos está esperando en la parte de atrás.

Fuimos al carro para dividir la mercancía y cuando Matamoros vio los diez kilos, casi se cae de culos.

- ¡Mierda, chamo!, ¿de dónde sacaste todo eso?

-Inversiones, inversiones a largo plazo.

- ¿Cuánto llevas haciendo esto?

-Un buen tiempo; si quieres puedes empezar a trabajar conmigo, pero tú sabes cómo es.

-Luego hablamos de eso, primero concretemos esta vuelta.

Sacamos aparte el kilo, lo metimos en otra bolsa y lo llevamos a la parte de atrás de la casa donde nos esperaba un mesonero cuya tembladera no podía disimular.

-No te preocupes, tipo –le dije-, tú solo dale eso a tu jefe, y ya está. Nada malo va a pasar.

Y dicho y hecho, le dejamos la mercancía y volvimos a convertirnos en invitados de la fiesta. Mientras tanto, Matamoros y yo nos cuadramos un par de culos de unas chamitas que no pasaban de veinte años pero que tenían lo suyo, además de que cargaban con una pinta de sifrinitas que no se la quitaba nadie, como el tipo de mujeres que provoca agarrarlas y ensuciarles la mente. En poco más de media hora las emborrachamos, las llevamos afuera, nos metimos una línea cada uno y las incitamos a probarla; al principio se negaron, pero luego de notar que no habían grandes cambios en nuestra actitud y tras insistirles, se dieron un jalón; mientras la primera casi no podía abrir los ojos después, a la segunda pareció haberle gustado. Lo siguiente que hicimos fue meterlas al carro para que se besaran, y aunque no tenía condones, en medio de la locura se lo metí a la bajita, pero estas carajitas son más limpias que una avenida gringa. Cuando terminamos, les quitamos el teléfono y les dijimos que cuando quisieran más nos llamaran; entramos de nuevo, y mientras Matamoros fue a hacer su trabajo y cobró el dinero, volvió con los dólares cuando ya estaba por amanecer; el hijo de puta Villasmil le había dado trescientos dólares de propina, todo porque, gracias a la marihuana, logró cogerse a una carajita que había estado siguiendo desde meses atrás... así les sabrá a mierda la plata.

De vuelta a casa, el sol empezaba a posarse encima de las montañas al norte con esos colores alucinantes del cielo; dejé al desgraciado de Matamoros en su casa y lo despedí haciéndole mi socio, pues había disfrutado mucho con el muy hijo de puta; cuando llegué al apartamento y bajé la mercancía, la oculté en el armario del cuarto de Clara y me fui a abrazar a mi mujer.

10

Desperté hecho un demonio a las cinco de la tarde. Me dolían las extremidades, el huevo, la cabeza, la vida apestaba, y una vez más, Clara no dejaba de llorar.

- ¡Puta madre, Erika!, ¿puedes estar pendiente de la niña? Es lo único que haces todo el maldito día, la única mierda que tienes que hacer, vigilar que no llore, ¿y ni siquiera eso puedes hacer bien? Me levanté de la cama y fui directo a la ducha, me eché un baño con agua fría y, al salir, allí estaba Erika con su mamá, las dos sentadas en el sofá observándome.

-No me gusta el tono que estás usando con mi hija —Me dice la señora Elena-.

-No es de su incumbencia, su hija es mi mujer y la forma en que nos hablamos es cosa de pareja.

- ¿Tienen las parejas que tratarse tan mal? – Pregunta con un tono apático-.

- ¿Tratarla mal? ¿Tratarla mal? ¿Qué no ve? Mire este apartamento, su hija tiene todas las comodidades, Clara también las tiene, y en nada puede compararse a la pocilga en que vive usted, ¿eso es tratar mal a alguien?

-El dinero no compra la felicidad, Luis.

-Claro, ¿por eso usted decidió ser pobre, cierto?

- ¡Ya basta! –Gritó Erika-, a mi mamá no vas a hablarle así, es una persona mayor y al menos por eso le debes respeto.

- ¿Dónde está mi almuerzo? ¿No me has hecho comida?

-Puedes preparártelo tú mismo, así como puedes salir todas las noches hasta el amanecer, también puedes hacerte la comida, eso hacen los adultos.

-Maldita sea, mujer, me parto el lomo trabajando para que ustedes lo tengan todo, y aun así tienes las bolas de quejarte. No debí haberte sacado de ese chiquero donde vivías.

-Pues en ese chiquero al menos me trataban como a un ser humano, mientras que aquí vivo en un lugar más bonito, pero en compañía de un ogro.

- ¡Cállate, puta!, y la próxima vez que traigas a tu madre a regañarme, la saco de aquí.

Ahora, si me disculpan, debo ir a comer.

Agotada la discusión, me metí en el cuarto y me

coloqué un pantalón y una franela, salí nuevamente y sin dirigirles la palabra, abandoné el apartamento.

[…]

Llamé al desgraciado de Matamoros y lo invité a almorzar, pero el muy hijo de puta no se había despertado todavía… cómo se nota que no tiene hijos ni responsabilidades. Fui a su casa a terminar de pararlo para que se bañara y saliéramos, pero el muy asqueroso no se había ni cepillado los dientes y ya se estaba jalando una línea.

- ¿Qué haremos hoy? ¿Vamos a visitar de nuevo a Sofía? –Me preguntó-.

-Maldito sucio –le respondí-. Quieres cogerte a la vieja de nuevo, ¿cierto?

 - ¿Vas a decirme que no te excitó? Yo te dije, las viejas se mueven bien.

-Eres desagradable.

-Yo no soy desagradable, yo amo a las mujeres.

-Se nota.

-El que coge viejas, coge doble.

-Es el que coge feas, coge doble.

-Bueno, y aplica a las viejas también.

-Si quieres ir a cogerte a la vieja Sofía y sus amigas todos los días, tienes que ser millonario.

-Bueno, ¿y no estamos trabajando para eso?

-Sí, pero todavía no disponemos de la clientela.

-De eso no te preocupes, de eso me encargo yo. Tú preocúpate de estar bien abastecido, por cierto, ¿tienes blanca? Digo, para vender...

-La cocaína es una inversión muy grande y muy costosa. Podría controlar perico, lo mezclamos, y se lo vendemos a los ricos a precio de oro.

- ¡Oh!, mente de empresario, así me gusta. Tomémonos unas cervezas.

-De acuerdo.

Oliver Matamoros se vistió y subimos al auto. Fuimos a un restaurant a un par de cuadras de su casa, pedimos una parrilla mixta con cervezas que nos sirvieron meseras que provocaba meterlas al baño y cambiarlas de oficio. Al terminar de comer, fuimos a reunirnos con unos amigos de Matamoros, y en la reunión, hablaban de que a Leandro Zambrano lo agarraron dándole coñazos a la mujer y lo corrieron de la fiesta de Villasmil. Bien rayado quedó el hijo de puta por meterse conmigo. Rápidamente se hizo de noche y yo estaba agotado, pues había sido un fin de semana intenso; de pronto me dio por acordarme del miserable de Víctor Archila, ¿ya se habrán dado cuenta sus padres que murió el desgraciado? Me da lástima y la verdad no me caía mal, pero iba a entrometerse en mis planes y no podía permitírselo. Extenuado, me despedí de la gente, y cuando Matamoros me dijo que se quedaría e iría más tarde a su casa, yo me fui a compartir con mi familia.

[...]

Cuando regresé al apartamento, mi mujer no estaba ni mi hija tampoco, ¡maldita sea!, justo cuando vengo a compartir con ellas, las desgraciadas se van. Empiezo a llamar a Erika por el teléfono.

-Mi amor, ¿dónde estás?

-En casa de mi mamá.

- ¿Por qué no estás en casa? Quería compartir un rato contigo y con mi hija.

- ¿Compartir? ¿Te parece lógico que me pidas eso, luego de ver cómo trataste a mi mamá?

-Por Dios, Erika, tú sabes muy bien que no me gusta que lleves a tu mamá a la casa, ella se pone siempre a armar reproches y yo ya estoy muy viejo para esa gracia.

-Tú tienes apenas veintisiete años y no eres ningún viejo, mientras que, mi mamá, es una persona mayor y lo mínimo que podrías hacer es guardarle respeto evitando decirle que es una persona pobre.

-Pero, lo es, ¿no?

- ¿Qué te estás creyendo tú, últimamente? ¿Qué te pasa por la cabeza, Luis Edgardo?

-No me llames por mi segundo nombre, que

sabes que no me gusta.

-Bueno, Luis Restrepo.

-No me pasa nada, esa es la verdad. Yo estoy dispuesto a ayudar a tu mamá, pero, para ello, debes dejarme trabajar.

- ¿Trabajar, en qué? ¿Qué estás haciendo? ¿Acaso crees que te vas a hacer rico de la noche a la mañana?

-Tú no te preocupes por eso, Erika, que del dinero me encargo yo, y trae a Clara para la casa que quiero abrazarla, ¿sí?

- ¿Pero, cómo puedes estar tan tranquilo después de todo lo que dijiste?

- ¡Ay, ya, Erika, por Dios!, ya basta, ¿por qué eres tan conflictiva todo el tiempo?

Quiero estar tranquilo, no quiero pelear.

-Pero, ¡por Dios!, si tú eres el que se la pasa amargado todo el tiempo y gritándole a todo el mundo.

-Estás exagerando.

-No, no, no exagero en lo absoluto.

-Bueno, ya basta, no vamos a armar un pleito por una estupidez, vente ya que quiero ver a la niña.

-Pero, Luis…

-Luis, nada, vente ya, hazme el favor, Erika.

-No tenemos cómo ir.

-Tomen un taxi, aquí se los pago. Me avisas cuando estés abajo.

¡Dios!, estas mujeres. Todo el tiempo están

buscando la forma de pelear; no sé para qué me puse a tener hijos y adquirir responsabilidades.

[...]

En la madrugada, no puedo dormir y tengo una severa crisis de ansiedad; si ingiero cocaína a esta hora, tendré que seguir derecho una vez más. Mientras tanto, Erika duerme plácidamente, pero.., ¿cómo es que ésta hijo de puta descansa tan fácil? Me levanto y deambulo por la sala, enciendo un cigarrillo, me tienta la bolsa... pero no, no, a esta hora no, necesito dormir. Voy al corral y miro a mi Clara, la cargo en brazos y la beso.

Nunca te faltará nada, mi amor, ¡nunca!, tendrás todo lo que quieras en esta vida.

Papi te comprará un castillo.

11

Ya es lunes por la mañana y anoche no pude dormir; cuando amanece, recibo una llamada de mi nuevo socio, Oliver Matamoros.

- ¿Qué pasó, mi brother? ¿Tienes clientes para la mercancía? –Le pregunto-.

- ¿Clientes? ¿Me estás preguntando por clientes? ¿No te has enterado? Encontraron muerto a Víctor en la casa de un dealer, le estropearon la cabeza a punta de golpes, murió desangrado y con el cráneo deformado.

- ¿A Víctor, Víctor Archila? Repliqué, fingiendo amnesia -.

-Por supuesto, a Víctor, nuestro brother, qué locura esa vaina, estás aquí un día y al otro estás frito. Lo están velando en la funeraria Tremino, me llamó uno de sus primos.

- ¿Qué dicen las autoridades?

-No sé, chamo, tú sabes cómo son las vainas aquí, los tipos dicen que fue un arreglo de cuentas y se desentienden de la vaina. Hallaron dos cuerpos más, una caraja y el dueño de la casa, eso es todo lo que he escuchado.

- ¡Qué desgracia!, ¿quién sería capaz de hacerle algo así a Víctor? No me lo puedo creer.

Marico, yo estoy pálido; ese carajo no se metía ni con una mosca, tú sabes, era burda e ladilla, pero, al fin y al cabo, era un chamo noble.

- Absolutamente, de eso no tengo dudas; quienquiera que haya sido, ojalá y las pague bien caro.

- Llego a saber quién fue y le vuelo las tripas.

- Yo te acompaño.

- ¿Vamos a la funeraria? —Me pregunta-.

- ¿A qué horas?

- No sé, tú sabes que yo estoy jodido varado sin carro. Dime tú y pasas a buscarme.

- Te busco después de mediodía porque ahorita estoy cuidando a la niña. ¿Te parece?

- Si va, te espero.

[...]

No asistir podría levantar sospechas pues, a fin de cuentas, el carajo era mi "pana", y hasta el día de su muerte nadie se enteró de una discusión entre nosotros, así que es imposible que vinculen su asesinato conmigo; lo mejor que puedo hacer es ir a llorar su muerte y abrazar a sus padres, de esa forma, nadie se atrevería a sospechar nunca que fui yo quien desfiguró su cráneo por imbécil.

[...]

A mediodía, cuando llega Erika de comprar las cosas de la niña, le cuento la tragedia de Víctor y no lo puede creer, se le salen las lágrimas, y luce desconsolada; en vida no tenía gran aprecio hacia él, pero la muerte siempre trastoca los sentimientos de los más débiles.

-Es hora de que tú también te des cuenta, Luis, yo sé que tú me ocultas muchas cosas, pero, mira, date cuenta lo que le pasó a Víctor por andar frecuentando ese tipo de personas, lo mataron y hasta ahí llegó; en cambio, tú que tienes una hija y no puedes darte ese lujo, tienes que pensar en dejar de estar consumiendo ese tipo de cosas.

Yo asiento con la cabeza y no respondo para fingir mi falso desconcierto, y cuando me justifico aludiendo que mi consumo es eventual, ella viene y me abraza; Erika sabe lo que todo esto significa, pues antes de concebir a Clara, ella también experimentó todo tipo de drogas conmigo, y el convertirse en madre le cambió la vida y, por supuesto, a mí también, que ahora debía pensar en mantener una familia.

-Voy a buscar a Oliver para ir a la funeraria.

-Está bien, cuídate mucho, le mandas mi pesar a los señores Archila.

Voy al baño a tomar una ducha y, finalmente, tras una larga agonía, me meto la primera línea del día pues la cocaína me ayuda y me estimula a mentir mejor; me pongo mi ropa oscura y los lentes de sol así que nadie se fijará en mis ojos; al salir, me despido de mi hija con un beso en la frente porque en el fondo ella sabe que todo esto lo hago por ella.

[...].

Busco a Matamoros y se monta al auto consternado.

- ¿Me das una línea? –Pregunta-.

- Chamo, vas a tener que bajarle, pues me está saliendo muy cara tu adicción.

- Marico, pásame que yo compro la otra ronda con los reales que nos metimos el fin de semana.

- Si va.

Pone la cocaína encima del tablero del auto y la aspira.

- ¿Tienes de tomar? –Me pregunta-.

- ¿También quieres que te mame el huevo?

- No estoy de humor, de pana quería al marico ese, ¿quién pudo haberlo matado?

¿Por qué?

-Ahorita pasamos por una licorería, no te preocupes.

Nos detuvimos en el camino y Matamoros compró una botella de aguardiente de la que nos bajamos casi la mitad en el trayecto; llegamos entonados y en las afueras de la funeraria había gente llorando. Adentro estaban varios de nuestros panas como el imbécil de Leandro Zambrano quien ni se acercó a saludarme aunque, en el fondo, yo estaba que explotaba a carcajadas al ver un poco de idiotas sufriendo y que tenían al asesino en su casa sin poder descubrirlo. Avanzamos en medio de los pasillos funerarios, me acerqué a los padres del fallecido y les abracé con ternura; la madre se mostraba totalmente inexpresiva y parecía que su mente se encontraba en otro lugar: quizás al enterarse pudo haber pensado mucha veces en suicidarse. Poco a poco nos fuimos abriendo espacio entre la gente y llegamos hasta el lugar donde exhibían el cadáver. Después de un par de días, fue extraño volver a toparme con el maldito de Víctor Archila; la última vez que lo vi efectivamente tenía la cabeza desfigurada y me suplicaba que no lo matara, pero, ahora, estaba metido en un ataúd, totalmente maquillado para tratar de disimular la hinchazón. En ese momento me sentí más poderoso que nunca pues toda la tristeza reunida en esa habitación la había causado yo, ese cráneo había sido deformado por mí, esa vida se consumió entre mis manos. Matamoros dijo un par de palabras en voz alta y salió; yo, al quedarme solo junto al cadáver de Víctor Archila, le dije:

-Pudiste haber sido rico conmigo, pero preferiste salvar al mundo y terminaste metido en un ataúd. ¡Imbécil!

Y, tras presentar mis respetos, me di media vuelta y salí de la funeraria.

12

Oliver Matamoros me consiguió un par de clientes y esa semana empezó la venta progresiva de la droga; por supuesto, ya no serían ventas al mayor por kilos, sino por gramos, y si bien así se puede vender más cara, también es más lento el proceso; los grandes empresarios compran grandes cantidades y venden grandes cantidades, pero como yo estaba apenas empezando, tenía que ir amasando la fortuna poco a poco. A Dios gracias San Cristóbal es una ciudad llena de marihuaneros, y Matamoros los conocía a todos; vendía de a 10, 20 y 30 gramos, pero nunca menos de 10, porque a la gente entre más se le vende, más fuma. Como la droga estaba escasa en la ciudad, vendí toda la mercancía al cabo de dos semanas y a mi socio le respeté el quince por ciento de comisión por venta; ese carajo estaba loco, pero sabía que no debía joderse en la mano que le daba de comer; yo estaba muy cómodo desde casa recibiendo el dinero que Matamoros me producía, ¿y quién lo iba a pensar? Un tipo que viene de una familia rica, trabajando para otro de procedencia pobre vendiendo droga... el mundo da muchas vueltas inesperadas. Cuando Matamoros empezó a pedirme más mercancía para abastecer a su clientela, me vi en apuros ya que tenía el dinero para comprar una nueva carga, pero no tenía los contactos, ¿a quién podré llamar?

¿Costello? No, ni pensarlo, ¿sus primos? ¿Será qué...? ¿Le serán fieles a Costello? Empecé a cavilar, y mientras trataba de descifrar toda la situación, me metí dos pases; tenía cierta tranquilidad de que en las últimas semanas había producido más de diez mil dólares, y eso en Venezuela es una verdadera mina de oro puesto que la droga mueve más dinero que Microsoft y Apple juntas.

Pero si quería seguir creciendo, no podía parar, si quería tener una casa como la de aquel maldito enchufado, una camioneta con bajos y pantallas, regalarle un pony a mi hija en sus quince años o darme la gran vida que me merecía, no podía parar ni conformarme.

Salí de casa una vez más y me dirigí a casa de Matamoros pues tenía que hablarle claro sobre la situación; entonces lo llamé y le dije que estaba afuera, y luego de un par de minutos salió.

-Déjame consultarte, pero quiero el veinte por ciento.

- ¿No quieres que te meta un tiro mejor?

-Así mismo es mi pana, así mismo es.

Cuando Matamoros se bajó del carro, yo arranqué y me dirigí a la parte alta de la ciudad donde estaba Erika con la niña asistiendo al cumpleaños de otra bebita hija de una amiga de mi mujer.

[...]

Antes de bajarme del auto esnifé una línea y cuando llegué, los padres de la cumpleañera vinieron a saludarme, luego de lo cual yo fui y abracé a Erika y besé a mi hija. En la reunión, había puros imbéciles creyéndose la gran mierda porque llevan una vida honesta. La vaina era de puro lujo, de bolas, pues los abuelos de la niñita han tenido toda la vida concesionarios de carros y es por eso que ese hijo de puta sonríe y le sabe a culo todo lo que pase en el país. Esos come mierda son de los que se sientan detrás de una oficina con aire acondicionado todo el día a quejarse de los criminales y la corrupción, mientras papi y mami les regalan propiedades en Miami; es muy fácil hablar de lo ético y lo moralmente correcto cuando no estás pasando necesidades y has crecido con una herencia asegurada. Estuve allí un par de minutos tratando de simular mi fastidio. Cuando no lo pude soportar más, salí a fumarme un cigarrillo, después volví al carro y esnifé otra línea mientras pensaba que todos esos malditos que había allá deberían morirse. Regresé y vi a un poco de niñitos jugando estupideces, pues quién se puede imaginar que estos culicagados de hoy, serán los drogodependientes del mañana, y si hoy los miran como una vaina cuchi, hermosa y sonriente, mañana los padres sentirán asco cuando se vuelvan adictos a la cocaína y la heroína… menos mi hija porque a ella nunca la dejaré probar esa basura, y el que se atreva a ofrecérsela, le meteré una bala en la frente.

[…]

Al salir de aquella estúpida reunión, dejé a Erika y a mi hija en el apartamento pues yo tenía asuntos pendientes por hacer; el día del asesinato había perdido mi revólver, y un traqueto no puede andar por ahí sin protección. Contacté a uno de los panitas que jugaban futbolito conmigo en el barrio de nombre Yorkelman, quien a diferencia de uno que se ha ido haciendo, ese bicho era torcido desde el día en que nació; le dije que tenía que verlo, que nos echáramos una birras, y me dijo que lo buscara en el 23. Me metí full boleta en el barrio ese con los vidrios papel oscuro arriba, paré en la vereda que me indicó y le escribí que ya estaba afuera.

- ¡Párate ahí, mamagüevo!, bájate del carro. - Escucho decir a un hombre a pesar del vidrio cerrado-.

Cuando voy a cambiar la velocidad para acelerar, de pronto el sujeto se quita el pasamontañas de la cara y bajo entonces mi ventana.

- ¡Hijo de puta!, me cagaste.

- ¡Ah!, zanahoria piró, eso es pa' que andes mosca pues con esa nave no se puede andar relajado por la vida.

- ¡Súbete, maricón!

Yorkelman se dio la vuelta y subió a mi carro.

- ¿A dónde vamos? —Me pregunta-.

 -A dar una vuelta —le respondo-.

-Tenías que ver tu cara, te pusiste blanco pa' la mierda, ¿seguro que no te cagaste?

Puedo oler la mierda desde aquí.

- ¡Pajudo!, a la próxima te mando a quebrar. Cuéntame, ¿cómo está la vaina?

-Tú sabes, haciendo lo que se puede, ganándome la vida.

- ¿En qué estás trabajando?

-Estoy de bachaquero.

-Vendiendo mercado.

-Bueno, mi pana, la comida siempre da billete, hay que estar en la movida.

- ¿Te gustaría trabajar en algo mejor?

-Habla pues, te escucho.

-Estoy comerciando con droga.

-Sano, menor, yo en esa vuelta paso.

- ¡Ay!, ¿ahora te cagaste tú, maricón? Yo pensaba que tú eras un varón.

-Mira, chamo, a mi primo Wilker se lo bajaron hace seis meses por andar metido en esas vueltas. A mi bachaqueando me va bien, y uno anda cero peo con los pacos.

- ¿Y quién te va a respetar a ti vendiendo champú, pedazo de maricón?

-Bueno, estoy llevándola por la legal.

- ¿Y cuándo se acabe este gobierno y vuelva el país a la normalidad, qué? ¿En qué vas a trabajar?

-Este gobierno no se va a acabar nunca, mi hermano.

-Eso es lo que tú crees, ¿tú no ves a la gente ya cansada de la misma mierda? Estos pajudos van a salir de Miraflores un día de estos con un tiro en la frente.

-Bueno, ¿y a mí qué?

- ¿Qué vas a hacer, entonces? Te estoy ofreciendo trabajo, vas a ganar buen billete.

- ¿Cuánto es buen billete?

- ¿Cuánto ganas de bachaquero?

-Me meto ciento veinte mil al mes.

-Te puedes ganar eso en tres días.

- ¿Me estás jodiendo, verdad?

-Para nada, mi otro empleado se metió trescientos palos en una noche.

- ¡Uy!, ¿y eso haciendo qué? Si lo pones así, pues…

-Vendiendo la mercancía. Pero yo no necesito que tú la vendas, necesito que me ayudes a conseguirla, mi proveedor desapareció. Y necesito, además, que me encuentres una pistola.

-Lo de la pistola no es problema, eso aquí en el barrio se consigue detrás de las piedras, pero el proveedor… yo no quiero meterme con esa gente. Esos manes son delicados.

- ¡Déjate de mariqueras, pues!, si vas a meterte al negocio, tienes que ser avispado, estar en la movida.

-No te aseguro nada del proveedor, pásate mañana por la pistola y yo te la entrego. Tráeme 100 palos.

- ¡Chamo!, ¿me vas a conejear así? Te traigo sesenta y paso en la tarde. Consigue una vaina buena.

- ¡Verga!, ¿pero, tú quieres una vaina buena por

86

sesenta palos?

-Para matar a alguien, da lo mismo, lo que importa es que dispare.

-Pendiente, varón, déjame ahí entonces tres cuadras más adelante, donde la jeva.

-Si va, y no se te olvide hacer la tarea.

-Tranquilo, yo ando pendiente.

[…]

De regreso a casa, recibo la llamada de Oliver Matamoros:

- ¡Aló!, cuéntame, espero buenas noticias.

-Te tengo el proveedor –Me dice de una vez-.

- ¿Estás hablando en serio?

- ¿Tú me crees marico a mí, o qué?

-Bueno, habla entonces pues…

-Te lo presento con una condición…

-Si me pides otra vez que te aumente la comisión, te busco y te saco las tripas desgraciado.

- ¡No, brother!, qué va, el trato era que me llevaras a visitar otra vez a la vieja Sofía.

- ¡Mierda, chamo!, ¿me estás hablando en serio? Yo pensaba que era jodiendo que te gustaban las cucas arrugadas.

-A mí me gustan todas las cucas, mi hermano, y si la vieja se afloja otra vez, pa' lante; pero esta vez me quiero coger a la nalgona que no metimos al cuarto la primera vez.

- ¿La de ojitos verdes?

-Esa misma, varón.

-Bueno, sí va, trato hecho, ¿cuándo hablamos con el tipo?

-Le dije para vernos en la noche.

-Dale, pues, ¡pero no!, espera, mejor dile que para mañana. No quiero ir a ver al carajo ese sin protección.

- ¿A qué te refieres?

-Tú hazme caso y ya. Dile que lleve la mercancía mañana a tu casa.

-No, papá, a mi casa sí no, ni a bala, no quiero a ese gentío donde los viejos.

-Si tus viejos ya ni viven ahí.

-Igualmente, brother, tú sabes cómo es.

-Bueno, déjame pensar entonces en algún lugar. ¿Cuánto le digo que lleve?

-Pregúntale el precio, y si tiene buen precio, pídele ocho mil dólares en mercancía.

- ¡Marico!, ¿y nos vamos a cascar todo eso?

- ¿Tú eres pajudo, o qué? Eso es pa' el negocio.

- Es jodiendote, es jodiendote.

- ¿Nos vemos mañana, entonces?

- Sí va, voy a cuadrar toda esa vuelta.

- Y Matamoros…

- ¿Sí?

- Desangra a ese hijo de puta, tú sabes, en términos económicos, haz lo que hiciste con la vieja, tú eres bueno en eso.

\- Tranquilo, mi brother, yo me encargo de eso.

13

Volví a casa a compartir con mi hija porque, aunque esa china no lo sabe, todo lo que estoy haciendo es por ella, para que no tenga que mover un solo dedo cuando grande. La saqué del corral y la empecé a pasear por la casa, le dije a Erika que viéramos una película y disfrutamos un rato en familia. Antes de acostarme, me dieron ganas de jalarme un pase, pero como sabía que me iba a desvelar, mejor me aguanté el criseo. Además, no voy a tirarme toda la compra en un par de días, tengo que bajarle dos.

[...]

Al día siguiente me desperté bien temprano en la mañana y me fui a trotar, pues si sigo puro dándole a la coca y al alcohol, voy a terminar muerto a los treinta y dos. Aguanté doce minutos, tengo las condiciones en el culo, esto ya no era como cuando carajito que no tomaba ni me metía drogas, que jugaba futbolito tres horas seguidas y quedaba como si nada; ahorita soy un pedazo de mierda. Volví al apartamento y la cabrona de Erika se había ido sin dejarme el desayuno hecho, ¿qué se cree esa piroa? La niña tampoco estaba, así que fui a echarme un baño y salí a comer. En una panadería a un par de cuadras de mi edificio, me metí a pedir un café con leche y un cachito y, de repente, veo llegar a mi tía Luisa del Rosario, la hermana menor de mi papá a quien desde hace años no veía; para evitar su saludo, me volteo y trato de hacerme el loco, pido el cachito para llevar, pero cuando estoy por salir me grita:

- ¡Luisito, Luisito!, ¿eres tú? No lo puedo creer, ¡mijito!, ¿qué es de tu vida? Años sin verte.

- ¿Tía? Ah, hola tía, hola, ¿cómo estás?

-Pues bien, mi amor, usted sabe, trabajandito, la plata no cae del cielo, papá. ¿Y usted, cómo está? Sabes que yo estaba muy dolida porque luego de lo que le pasó a su padre, intenté buscarlo, pero nunca le encontré. Papito, usted sabe que mi casa es su casa, así que cualquier cosa que necesite, ahí estoy para usted.

-Gracias tía, muchas gracias. Lo tendré en cuenta. Cuando estaba a punto de despedirme para irme y evitar prolongar la conversación, mi tía me sujeta del brazo.

Papito, yo sé que eso es algo muy personal, pero, dígame, ¿por qué no fue al entierro de su padre? Yo sé que debió haber sido un momento muy difícil, pero los seres humanos solo se…

¿Cómo le explico que me supo a mierda? ¿Que la noche anterior me pegué una rumba con mis amigos que no pude ni pararme, y que de todas las cosas que tenía, lo único bueno que ese viejo miserable me dejó, fue una puta pistola?

-Sí, tía, me sentía muy mal, la verdad no podía…

- ¡Óigame, hijo!, yo sé que le voy a sonar como una vieja fastidiosa, pero la familia es lo único que vale la pena en este mundo, los padres, los hermanos, los seres queridos. Lo material se va, los afectos son lo que queda.

-Está bien, tía.

-Dígame, hijito, ¿está trabajando? ¿Cómo se gana la vida?

Vendiendo cocaína, hija de puta –me provocó gritarle-.

-Moviéndome con el comercio, tía, usted sabe.

- ¿Es un hombre de negocios, mijito? Me alegra que le esté yendo bien, que sea un hombre de bien, que siga el camino de Dios…

- ¡Aló!, ¡aló!, ¿sí? ¿Sí? ¡No!, no puede ser, no, no lo creo, Dios mío, claro, ya voy para allá. Tía, tía,

lo siento, mi novia tuvo un accidente, tengo que irme...
- ¡Ay, mijito...!
[...]

¡Vieja, puta!, ¿a quién le importan sus estupideces? Salí harto de aquella panadería; creo que voy a tener que limitar mis apariciones en sitios públicos para evitar encuentros inoportunos. Volví a mi apartamento para buscar mi auto y llamé a Yorkelman al teléfono.
- ¡Aló! Sí, mi brother, ¿conseguiste lo que te pedí?
- Pues, claro, el mío, yo soy un hombre de palabra. Aquí te tengo la muñeca nueve milímetros.
- ¿Qué tal dispara?
- Bueno, pues mata gente, si es lo que quieres.
- Esa es la mía, varón. ¿Ya está en tus manos para ir a buscarla?
- Sí, aquí la tengo.
- ¿En cuánto te salió?
- Tuve que pelear con unos carajitos para quitárselas; los chinos se la quitaron a un paco y finalmente me la dejaron en lo que me disté.
- ¡Ah, viste, tiburón!, que yo no ando dando plata en vano, pues yo sé lo que cuestan las cosas en la calle. Yo soy un tipo de negocios.
- Me debes una.
- ¿Te debo una? Te estoy dando empleo, pajudo,

si quieres lo tomas, si no lo dejas.

-Bueno, vente, y aquí hablamos de eso.

-Ya voy pa' allá, brother.

-Si va.

-Espérame en toda la entradita que no quiero meterme pa' esa jungla otra vez.

Me eché la primera jalada del día y arranqué soplado una vez más pa' el barrio el 23 a buscar el nuevo juguetico. En la radio estaban poniendo una electrónica sabrosa, de esa pa' volver locas a las jevitas; llegué como en diez minutos y ahí mismo estaba Yorkelman esperándome. Me orillé y lo llamé.

- ¿Dónde está lo mío? –Le pregunté-.

-Cálmate, bájale dos, ¿qué quieres? ¿Que te lo de así boleta?

-A ver, chico, ¿tú a quién vas a estar teniéndole miedo aquí? Pásame el revólver, a ver de qué tipo es.

-Aquí está, está dentro del bolso.

Tomé el bolso con mis manos y saqué la pistola.

- ¿Está cargada? –Le pregunto-.

-Verga, chamo, ¿tú no distingues el peso de un arma cuando está cargada, y cuando no?

-Ni que fuera James Bond para andar sabiendo eso; ¡ay sí!, 007, pajudo.

-Pues claro que está cargada, ¿cómo te voy a dar una vaina sin balas? Pa' eso no te doy un coño.

-Mosca, pues.

- ¿En qué quedamos, entonces?

-Bueno, animal, ¿no te dije? Voy a comprar una mercancía, si la quieres vender, tú me dices. Eso debe ser pan comido aquí en este barrio.

- ¿Qué estás creyendo? ¿Que porque la gente es de barrio, entonces se droga más?

-La gente se droga en todos lados, mi brother, solo que aquí no se meten los pacos, por eso es más fácil. Tú verás si sigues vendiendo leche como un marico.

-Bueno, bueno, espero tu llamada.

Cuando arranqué de nuevo pa' salirme de aquella olla, agarré de una el celular y llamé a Oliver Matamoros, ¿cómo harían para trabajar los narcos de antes sin teléfono?

- ¿Dónde estás, Matamoros? Ya tengo todo listo para comprar la mercancía.

¿Cuadraste con el tipo?

Todo está guisao ya.

- ¿Cómo va de precio?

-Lo hablamos mejor en persona, ¿vale?

- Dale, si va, ¿no me estás enredando, no?

- Coño, brother, por encima de todo la amistad.

- No, mi pana, los amigos no existen, lo que existe son los negocios. Yo sé cómo son las vainas.

- Bueno, bueno, deja la desconfianza.

- Nos vemos en tu casa en diez.

- No, espera, salí un momento.

- ¿Dónde andas tú, maricón?

- Me vine a coger un culito, dame una hora.

- Verga, seguro estás detrás del culo de una vieja. Te doy cincuenta minutos.

Jueputa, ¿ahora qué hago en todo este tiempo? ¿Dónde andará la coño y madre de Erika? No la he visto en todo el día...

- ¿Aló? –Contesta la llamada-.

- ¿Dónde andas tú? No te he visto en todo el día.

-Luis, estoy trayendo de nuevo a la niña a consulta médica.

- ¿Y es que esa carajita nació deforme que la tienes que estar llevando día por medio al médico? ¿O es que te anda cogiendo el doctor?

-Ay, Dios mío, Luis, ¿tienes que ser tan desagradable? Si quieres, vienes tú mismo, es más, deberías venir, es tu hija y nunca estás pendiente de su salud.

-Ya mucho hago encargándome de que tenga billete y comida; pero no te preocupes, llega temprano a casa que estoy haciendo negocios. Adiós.

¡Las mujeres, sí tienen bolas!, aparte que se la pasan todo el día haciendo un coño, nada más limpiando pañales cagados y recibiendo billete, quieren que uno, además, les limpie los mocos a los carajitos, ¿y, ellas qué? Apenas echándose aire, pa' eso es que sirven y para nada más. Y ahora, ¿qué puta mierda voy a hacer durante todo este tiempo? Ah, ya sé, voy a hacerle una visita a mi amiga Sofía y a sus huéspedes, echo un polvito y así me voy livianito a cuadrar la merca.

[…]

Me cogí a una catira que tenía los labios vaginales del tamaño de una pizza, eché la cocaína en el ombligo y me la aspiré de ahí completica; esa caraja quedó volteada de tanto huevo que le di. Definitivamente, para eso es lo único que sirven las mujeres: para aguantar machete parejo.
-Aló, pajudo, yo ya eché dos polvos, ¿y tú, qué? ¿Todavía no estás listo?
-Voy llegando a la casa, ¿dónde le digo al man que nos encontremos?
 -Depende.
- ¿Depende de qué?
- ¿El tipo es peligroso, anda acompañado? Ningún carajo que venda cocaína es inofensivo, ni anda solo.
-Bueno, tú no sabes, hay gente que no es pilas pa' los negocios.
-Bueno, ¿igual qué? ¿No tienes la plata pues? No me vas a hacer quedar mal, mira que si nos rallas ahí sí que no nos vende pero nadie, y de ñapa, nos meten una bala en la frente a cada uno.
-Deja la mariquera, chamo, que lo que tienes es que comportarte como un varón pues para estar

en este negocio, no puedes andar con miedo.

-No, qué miedo ni qué coño, sino que hay que ser serio en la vida.

- ¿Qué estás queriendo decir?

-Nada, nada, tú vente ya, antes de que se nos caiga la vuelta.

-Voy pa' allá, menor.

Este maricón de Matamoros a veces es medio sospechoso, pero si se pone de payaso, yo si le vuelo la frente de un solo coñazo.

[...]

-Ajá, sal pues, estoy afuera.

Ahí viene el pajudo ese con la pinta del que apenas llega, se monta y de una me pide un pase de cocaína.

- ¿Cargas la plata? –Me pregunta-.

- ¿Ah, no? ¿Entonces, qué? ¿Estamos jugando carritos acaso?

-Bueno, yo solo pregunto.

- ¿Qué cuadraste con la gente?

-Nada, todavía no me has dicho dónde nos encontramos.

-Es mucho billete, tiene que ser un lugar público.

- ¿Público? –Pregunta Matamoros-.

-Pues, claro, o ¿acaso quieres que lleguen los tipos esos, nos vuelen de un tiro la cabeza y se queden con la plata y la droga?

- ¡No!, qué va, ese pana no es así.

-No sabes nada, Matamoros, no sabes nada.

- ¿Por qué? ¿Acaso tú pensabas hacer lo mismo?

-En los negocios, nunca se sabe, por eso prefiero tomar precauciones. Dile que nos vemos en la Plaza los Mangos.

- ¿Ahí, frente a todo el mundo?

-Sí, ahí, dile que lleve todo en un bolso de deporte. Yo le tengo ahí su real.

-Déjame escribirle.

Matamoros sudaba. Creo que el pajudo ese nunca había estado metido en una vuelta donde se manejara tanto billete, pues siempre había sido mantenido por sus padres y no se ha ganado por su cuenta un solo centavo. Cuando empezó a escribirles a los tipos, yo mientras tanto me puse a dar vueltas alrededor de Barrio Obrero y a los diez minutos me dijo:

-Ya está cuadrado, nos vemos ahí en veinte minutos.

-Si va, ¿y mientras tanto, qué?

-Me quiero tomar una cerveza.

-Vamos, pues.

Fuimos a una licorería a media cuadra de la Plaza y pedimos una cerveza para que Matamoros le bajara a la ansiedad; el tiempo se nos pasó volando, me dirigí al carro y saqué el bolso con los ocho mil dólares alrededor de miles de personas que ni se imaginaban la cantidad de billete que había en ese maletín. Caminamos hasta la Plaza y nos sentamos en un banco al lado de los árboles.

- ¿Este tipo es de confiar, no? –Volví a preguntar-.

- ¿Ya no te dije, pues? El carajo no se me ha puesto con cómicas, ¿igual trajiste la pistola, no?

- ¿Me estás queriendo decir que debo estar pilas? –Le pregunté-.

-Bueno, tú mismo me dijiste que los negocios son los negocios, ¿no? Siempre hay que estar pendiente.

- ¡Carajo, Matamoros!

- ¡Shh!, ahí vienen, son esos tres.

Venían tres sujetos caminando, dos llevaban franelas negras, eran altos, corpulentos, y de piel oscura, el del medio era un calvo flaco con una camisa blanca.

-El de camisa blanca es nuestro tipo, le dicen La Piraña, es peligroso, pero buen comerciante; si tienes todo el dinero, no hay nada que temer.

-Por supuesto que lo tengo.

Estos tipos no eran como el hippie de mierda que había asesinado, y se veía que sí la tenían clara sobre las cosas que estaban negociando; muy seguramente los dos gorilas estaban armados, así que aquí no podía ponerme con payasadas.

- ¡Oliver Matamoros! –Dice el sujeto de camisa blanca-.

- ¡Qué placer verte! –Responde mi compañero-. Te presento a Luis Restrepo, él es mi socio de quien te hablé.

-Señor, un placer saludarlo –dijo el interlocutor de camisa blanca-. Puedo preguntar, ¿por qué un sitio tan inusual para llevar a cabo la operación?

-Me gusta estar al aire libre, ¿a ustedes no? –Respondí-.

La Piraña comenzó a reír, y cuando rio, los dos gorilas también empezaron a hacerlo.

-Yo le dije a Restrepo que sería mejor en un lugar más privado, no vaya a ser que…

-Intentaba explicarse Matamoros-.

-Tranquilo, Matamoros –dijo de inmediato La Piraña-, este lugar es perfecto, ¿a qué le teme?, ¿a los policías? Si llega aquí una patrulla les damos dos opciones: les damos diez dólares a cada uno de esos miserables, o les llenamos el cráneo de balas. ¿Qué cree que van a preferir? Esos tipos son unos muertos de hambre.

-Yo le dije lo mismo, pero Matamoros es nuevo en esto, está nervioso –acoté-.

-No se preocupe, mi amigo, mientras las cosas sean transparentes, no hay nada que temer, si usted me da mi billete, yo le doy su mercancía.

-Por supuesto, aquí mismo tengo los dólares. –Respondí-.

- ¿Está completo? –Me pregunta- ¿No tengo que contarlo?

-Si quiere contarlos adelante, pero yo soy un hombre de palabra.

-No se preocupe, yo confío en usted, de todas maneras, ya sé dónde vive, qué hace, quien es su esposa, a cuál médico va su hija, y lo mismo con Matamoros... aquí nadie quiere meterse en problemas.

-Por supuesto. ¿Puedo ver la mercancía?

-Allí tiene -Me dice y los dos gorilas me lanzan los bolsos que llevaban-.

- ¿Yo tampoco tengo motivos para desconfiar, supongo?

-A menos que quiera ponerse a revisar la cocaína en mitad de la plaza, usted verá.

-Confío en usted, parece un hombre de palabra.

-No lo ponga en duda; la próxima vez ya podríamos realizar nuestras transacciones en lugares más privados habiendo mayor confianza.

-No hay ningún problema.

 - ¿Y, Matamoros?

- ¿Sí? –Respondió mi compañero finalmente, tras salir del silencio-.

-Deje de temblar, confíe en su socio, allí está el billete, puedo verlo en sus ojos, nada malo le pasará a nadie. Ha sido un placer hacer negocios.

Oliver Matamoros tomó un bolso y yo tomé el otro, entonces me acerqué y le di el dinero a uno de los gorilas en las manos, La Piraña siguió su camino con el par de mastodontes y nosotros seguimos el nuestro. Matamoros y yo subimos al carro y manejamos un par de cuadras hasta llegar a mi edificio y una vez en el sótano del estacionamiento, abrimos los bolsos y vi la mayor cantidad de cocaína que había visto en mi vida, me provocó esnifarla toda y a Matamoros también lo vi ansioso por caerse a líneas.

-Esto es para negocios, Matamoros; si usted quiere para el consumo, me la tiene que pagar o va como parte de su comisión, téngalo bien claro.

-Bueno, yo me llevo un par de gramos, luego cuadramos.

- ¿Se va a ir ya?

-Sí, tengo cosas que hacer. Luego cuadramos la venta.

- ¿Entonces, no va a ayudarme ni a subir esto al apartamento?

- ¿Usted va a guardar eso allí? –Me preguntó-.

-Pues, claro, ¿dónde más quiere que lo guarde? ¿En mis galpones de droga?

¡Imbécil!

Coño, no lo sé, pensaba que…

- No piense mucho, Matamoros, usted no es muy bueno pensando, eso déjemelo a mí y más bien ayúdeme a subir la mercancía y luego se larga.

14

Le dejé a Yorkelman parte de la mercancía para la venta y otra a Matamoros, mientras yo mismo me puse a distribuirla a conocidos porque así me dejaba mayor porcentaje de ganancias; pero esto sería temporal y yo no me expondría más porque, según mis cálculos, por ahí al cuarto cargamento ya tendría que tener como mínimo cinco vendedores y contratarme a uno de esos gorilas matones para que me cuide las espaldas. Matamoros era una máquina vendiendo pues conocía media ciudad y era referencia de todos los adictos de esta mierda; a ese tipo no tenía que darle mucho dinero, pues prefería meterse todas sus comisiones en cocaína y así vivía ese desgraciado. En cambio, yo sí le bajé al consumo y me seguía jalando a diario, pero con cuidado, evitando hacer lo mismo que el otro imbécil de meterme toda la plata por la nariz. Cuando vio toda la plata que estaba haciendo, Erika dejó de pelear y no volvió a preocuparse de preguntarme en qué estaba trabajando ni me jodía la vida mientras tuviese para comprar las cosas de la niña y salir con sus amigas. A veces yo la cogía por las noches cuando me daban ganas y le dije que quería embarazarla otra vez pues ya tenía el dinero suficiente para mantenerlo además que necesitaba un heredero de la dinastía que estaba construyendo. Los fines de semana me iba de rumba con Matamoros, llevábamos la mercancía y era cuando más plata nos hacíamos; a las cinco de la madrugada, cuando ya el alcohol y los pases les han hecho perder la cabeza, los adictos pagan hasta el triple por la droga. Ahí empecé a vivir en el paraíso, pues como sabían que yo era el que llevaba la droga, no pagaba nada en ninguna fiesta, me pasaban, me regalaban todo el licor que quisiera, me presentaban mujeres, las cogía, y volvía a casa por las mañanas con miles de dólares. Que puta vida más sabrosa, ¿acaso no son idiotas los que creen que la vida es trabajar honradamente?

[...]

Un día recibo una llamada en mi celular del teléfono de Costello, ¿qué hará este hijo de puta llamándome? –Me pregunté–.
- ¿Aló? –Contesté–.

-Hola, Luis Restrepo, viejo amigo, ¿cómo está la vaina? Tiempo sin saber de usted, ¿qué me le pasó, mijo? ¿Se fue de la patria? ¿Se limpió? Cuénteme, ¿por qué tan desaparecido?

-Costello, ¿viejo amigo? ¿A qué se debe su llamada? Hábleme claro.

-Verga, ¿andamos delicados ahora, Luis Restrepo? ¿Se acuerda cuando me llamaba desesperado a pedirme que le regalara droga? ¿Qué pasó, mijo? ¿Se le subieron los humos?

-Ando ocupado en lo mío, hermano, eso es todo. La gente cambia, crece, evoluciona.

-Me alegro mucho por usted. Y, sí, la gente tiene derecho a cambiar y crecer, pero el problema es cuando ese crecimiento afecta el crecimiento de los demás; por ahí me contaron que usted se anda metiendo donde no debe, donde no lo han llamado. ¿Usted sabe quién controla la zona, cierto?

-Hable claro, entonces, y no se me ande por la carretera, diga qué es lo que quiere Costello, porque yo no me ando metiendo en sus vainas.

-Luis Restrepo, nosotros nos conocemos desde niños y yo no quiero que nada malo le pase, así que bájeme el tonito de voz y conversamos como la gente decente.

-Yo no tengo que bajarle el tono a usted ni a nadie, haga el favor y me respeta.

-Uy, varón, no se me equivoque, lo veo muy

alebrestado, ¿qué se metió, mijo? ¿Usted no se acuerda que yo sé dónde vive? Sano, papá, deje el negocio y a su mujer y a su hija no les va a pasar nada, pero no se meta donde no le llamaron.

- ¿Y quién dijo que ese negocio era de exclusividad suya, Costello? Sano, yo ando en lo mío, tengo mis clientes, no me meto con los suyos. Cada quien por su lado.

-Mijo, se equivoca, se equivoca, aquí estamos más revueltos de lo que usted se imagina, mis ventas disminuyeron y eso no le gusta a mis bolsillos, así que si no quiere tener un problema, hágame caso.

- ¿Usted cree que es el único con billete en esta ciudad? Se equivocó, malparido, la quemada de mis bolas todavía la tengo latente, quedamos pendientes piró.

Y así le tranqué el teléfono a la basura de Costello. Ahora sí era definitivo, tenía que ponerme a buscar un maldito guardaespaldas, ¿uno? Quizás dos, y un par de pistolas, esto es la guerra.

[...]

Me bajé al 23 una vez más y fui a hablar con Yorkelman para que me consiguiera dos tipos bien sucios, malditos y sádicos que no le tuvieran miedo a la muerte y dispuestos a bajarse a quien fuera por un par de billetes. Dos horas después ya me tenía a las dos figuras, uno se llamaba Alirio, al otro le decían Mamaco. Alirio tenía dos hijos y la mujer preñada, con apenas veinte añitos el coño e madre y no había aprendido a sacar el pipi; Mamaco tenía sus treinta y dele, un par de cicatrices de heridas de bala en la piernas, el abdomen y un hombro, el tipo de bestia que por un par de billetes hacía todo lo que uno quisiera. Como al otro había que irle enseñando, con Mamaco aprendería. Entonces, le di a cada uno la plata para que buscaran y compraran unas pistolas y anduvieran sin peos en ese barrio.

Yorkelman siguió vendiendo la droga en el lugar y le di la orden de que si había otro man intentando distribuir en la zona, me avisara para darle la orden al Mamaco de bajárselo. Si el hijo de puta de Costello quería guerra, yo se la iba a dar, pues aunque somos pocos y más novatos, también tenemos balas para bajarlo de esa nube.

[…]

Como el país se había puesto muy peligroso y temía por la seguridad de mi hija, le presenté a Erika a Alirio y al Mamaco y le dije que Alirio estaría con ellas para arriba y para abajo protegiéndolas. Para no dar boleta, compré otro carrito sencillo, un Chevrolet 2008 en el que mi mujer pudiera moverse tranquilamente y al que le puse de inmediato papel oscuro; Alirio lo manejaría, y cuando Erika terminara de hacer sus cosas, él se uniría a nosotros para nuestras jornadas habituales de trabajo.

Mientras seguí haciendo negocios con La Piraña con cargamentos cada vez más grandes, Yorkelman vendía, Matamoros también, y pronto me encontré dos dealers más, Franco y Cacua. A medida que fui creciendo, adquirí más armas para protegerme, al tiempo que la ansiedad me hacía consumir más cocaína para mantenerme activo todo el día. Dormía apenas tres horas y llamaba al Mamaco para que se viniera desde temprano, pues pronto me di cuenta que tendría que mudarme de apartamento para que el Mamaco tuviese una habitación permanente y no me abandonara por las noches. A Erika no le gustaba sentirse vigilada todo el día, pero era parte de los sacrificios que tiene que hacer la gente poderosa, la gente con real. Ella no tardó en descubrir un día la droga en el cuarto de Clara, y vino a reclamarme:

- ¡Luis!, ¡Dios mío!, pero, ¿qué te pasa por la cabeza? ¿Cómo te atreves a llenar el armario de nuestra hija de droga?

-Bueno, mujer, ¿y tú, ¿qué crees? ¿Que la plata cae volando del cielo? Hay que trabajar para hacer billete.

-Pero, Luis, nunca me dijiste que…

- ¡Ay, Erika!, no te hagas la estúpida, ¿vas a decirme que pensabas que estaba haciendo tanto billete qué?... ¿Atendiendo consultas médicas? Déjate de guevonadas que ahora estamos mejor que nunca. Alirio las cuida a las dos, déjame trabajar.

-Pero, Luis, no es eso, es qué…

- ¿Vas a seguir, mujer? No me hagas dejarte en ridículo frente al Mamaco.

-Quiero que saques la droga del cuarto de Clara, ¿lo entendiste?

- ¿Desde cuándo das tú las ordenes, aquí? Creo que no tienes claro cuál es tu lugar.

-No me importa, pero no quiero eso cerca de mi hija.

-Mira, pajuda, lo voy a hacer solo porque ya estaba pensando en mudarme, pero quiero que te quede claro que aquí quien da las órdenes soy yo, ¿está bien?

-Como quieras, pero no quiero ver eso allí.

 Culminada la conversación con Erika, salí del apartamento con el Mamaco a ver a dónde nos mudábamos pues necesitaba una casa grande en la cual pudiera ocultar toda la droga, y con suficientes habitaciones para mi hija, el Mamaco, y… ¡Ya va!, claro, ¿por qué no se me ocurrió antes? Agarro mi teléfono.

- ¡Aló!, ¿Matamoros? Necesito hablar contigo,

¿dónde estás?

- Estoy en la casa, mi pana.

- Ya voy para allá.

Cuando colgué el teléfono, me le dirigí al Mamaco.

- Te vienes a vivir conmigo.

[...]

- Matamoros, te tengo una propuesta.

- ¿Qué pasó, Luis Restrepo? Siempre que me vayas a llenar ese culo de real.

- Bueno, ¿tus padres? ¿Qué pasó con ellos?

- Están en Margarita, no quieren venir a San Cristóbal.

- ¿Quiere decir que estás aquí solo?

-Claro, desde hace tiempo...

 -Me vendré a vivir contigo.

- ¿Qué? ¿De qué estás hablando?

- Necesito una casa más grande para Erika, la niña, la droga y el Mamaco, que también se vendrá a vivir con nosotros.

- Pero, espera...

- Te subiré las comisiones, tendrás más droga, y aparte, te pagaré trescientos dólares mensuales.

- ¡Uy!, así si está como difícil decir que no.

- ¿Cuándo se mudan?

- Hoy mismo; mándame a arreglar las habitaciones, quiero el cuarto principal.

- Pero ese es el de los viejos.
- Tus viejos ya no viven más aquí. Si quieren venir, yo les pago un hotel.
- Pero…
- No quiero peros, Oliver Matamoros, y ponte a trabajar en lo que es, que estamos en guerra, nojoda.
- ¿En guerra, con quién? –Preguntó-.
-La gente de Costello, tenemos que bajarnos a esos cabrones.
- ¡Uy!, ¿de verdad te quieres meter en peos con esa gente?
- Yo no busqué problemas con esa gente, esa gente buscó problemas conmigo.
- ¿Qué piensas hacer?
- El que golpea primero, golpea mejor. Ese tipo no se espera lo que le vamos a hacer.
- No entiendo.
- Ya entenderás. ¿Aprendiste a disparar? No creas que todo en la vida son relaciones sociales y mujeres.
- Pero, no, yo no…
- Mamaco va a enseñarte a disparar porque primero tenemos que bajarnos al hijo de puta del Pancho, ese maldito me las va a pagar todas, todas.

15

Empezamos a hacerle la cacería al Pancho. Ese perro sarnoso tenía una mujer por el Barrio Las Flores y otra por Pueblo Nuevo, y por las noches, se escabullía un par de horas y siempre les llevaba dinero, las cogía una hora y se iba. Algunos días iba escoltado, pero la mayoría de veces estaba solo. Costello había vuelto a llamarme, pero nunca le contesté las llamadas. Para la casa de Matamoros contraté una empresa de seguridad, con esos vigilantes muertos de hambre a los que hay que pagarles una miseria y darles comida, y a cambio, están despiertos toda la noche como gatas en celo; ese mismo día me llevé a mi mujer y a la niña para allá donde más protegidas no podían estar, mientras que el antiguo apartamento lo dejé como depósito en donde también podría llevar a las mozas en caso de que se me antojase cogerme una perra.

Luego de tres semanas de seguimiento, decidimos agarrar al Pancho; eran las 8:40 de la noche y nos aseguramos de que fuera solo; cuando iba a bajarse del carro para entrar a la casa de una de sus mujeres, el Mamaco salió corriendo y le apuntó a la cabeza, luego fue Alirio para rodearlo, y lo subieron a golpes al carro. Mientras yo iba adelante de chofer con Matamoros a mi lado, lo sentaron atrás y le cubrieron su cabeza al tiempo que el hijo de perra gritaba:

-Sean quienes sean, no saben con quien se están metiendo, les juro que si no me sueltan, van a morir todos.

Pero cada vez que hablaba, el Mamaco le daba cachazos en la cabeza hasta el punto que la franela con la que habíamos tapado su vista se llenó de sangre. Sin embargo, ese malnacido no paró de hablar e insultarnos, y cuando llegamos a nuestra nueva casa, lo bajamos y lo conducimos a la habitación del servicio en la planta baja, y tal como él había hecho conmigo en el pasado, lo amarramos a una silla.

- ¡Pancho!, ¿reconoces mi voz? –Le pregunto-.

-No sé, ni me interesa, maldito gonorrea, pero cuando me suelte, les voy a volar la cabeza a todos.

Entonces me acerqué y le quité la franela de la cabeza, ¿ahora si sabes quién soy?

- ¡Malparido, Luis Restrepo!, debí habérmelo bajado aquel día en casa de Costello.

-Tienes razón, debiste haberlo hecho, ahora es muy tarde, no tienes escapatoria.

-Si Costello se llega a enterar…

-Costello va a enterarse, yo mismo me encargaré de ello, y no te preocupes que él seguirá tú mismo destino.

- ¡Maldito, gonorrea! –Gritó y me escupió el rostro-.

Me limpié sutilmente la saliva de la cara, luego saqué una navaja del bolsillo, se la enterré en el muslo y la halé hasta abrirle una abertura lo suficientemente grande para desangrarse. El malnacido empezó a gritar.

- ¿Ya no eres tan valiente, verdad?

-Hijueputa, Luis Restrepo, ¡vas a morir!, te juro que vas a morir.

- ¿No aprendes? Mamaco, quítale los pantalones.

-No tienes las agallas, Luis Restrepo.

- ¿Te acuerdas aquel día que me quemaste las bolas? Pues, bueno, yo no solo te las quemaré, yo te las extirparé. Tráeme un martillo, Alirio.

Al tiempo que Mamaco empezó a quitarle los pantalones, el Pancho trataba inútilmente de zafarse las cuerdas; cuando terminó de bajarlos completamente dejando al descubierto sus genitales, empecé a reír.

- ¡Ay, Pancho!, usted burlándose de mí, y mire el gusano que tiene abajo.

-Usted me llega a tocar, Luis Restrepo, y va a…

-Mamaco, este tipo no se calla, métele una media en la boca.

El Mamaco se quitó una de sus medias y se la metió al desgraciado ese en la boca.

-A partir de ahora, solo vas a hablar cuando yo te lo pida, ¿estamos claros?

Le quité la media, y el hijo de puta empezó a insultarme una vez más.

-Mamaco, la media.

Cuando Mamaco volvió a tapar su boca, yo lo agarré de los testículos, saqué la navaja de su pierna y con ella atravesé su escroto clavándolo en la silla. El Pancho comenzó a gemir del dolor, se puso rojo en un par de segundos, y sus bolas comenzaron a sangrar.

 -Yo sí soy un hombre de palabra, Pancho, y si te digo que voy a extirparte las bolas, te juro que lo voy a hacer. Ahora, intentemos de nuevo, vas a hablar únicamente cuando yo te lo pida, ¿estamos claros?

De nuevo le quité la media, y esta vez guardó silencio, uno absoluto, mientras veía la navaja que atravesaba sus genitales.

-Costello, ¿Cuántos guardaespaldas tiene?

El Pancho no hablaba, únicamente me observaba

a los ojos con una mirada retadora. En eso llegó Alirio con el martillo.

-Alirio, qué bueno que llegaste, dame el martillo. Pancho, te lo preguntaré una vez más: ¿Cuántos gorilas carga encima Costello?

Una vez más guardó silencio, y no respondió nada en absoluto.

-Está bien, tú te lo buscaste.

Quité la navaja de sus bolas sangrantes y las halé con mi mano hasta dejarlas extendidas, entonces las aplasté con el martillo con toda mi fuerza. El Pancho comenzó a gritar como un psicópata, le metí una vez más la media en la boca hasta que dejara de hacer ruido; cuando se calmó, luego de llorar como un maricón el desgraciado, se lo pregunté una vez más.

- ¿Cuántos gorilas carga Costello?

- ¡Tres!, tiene tres, siempre anda con tres – Respondió-.

-Perfecto, ¿y la droga?

-Luis Restrepo, no te vas a salir con la tuya, te juro que…

- ¡Error!

Entonces volví a taparle la boca, agarré el martillo, y con la parte trasera le di en la cabeza abriéndole un hueco, por lo cual, nuevamente el Pancho comenzó a gritar como un psicópata.

- ¿No entiendes que nadie va a venir a salvarte? – Le dije-. O colaboras y mueres sin tanto sufrimiento, o sufres y te mueres igual, ¿qué prefieres?

El Pancho guardó silencio una vez más.

-Perfecto, ahora, vamos de nuevo, ¿dónde guarda la droga, Costello?

- ¡En su casa!, en su casa, toda la droga está en su casa.

-Los proveedores, ¿son solamente sus primos?

-Sí, ellos negocian con el cartel de Calí, reciben la droga, y la mandan a Venezuela, Costello la reparte en la zona de los Andes.

-Genial, genial, ¿Costello también anda armado?

-Por lo general, no; Caliche, Tomás y Manrique, son quienes portan las armas.

- ¿Cuál de ellos es más peligroso?

-Manrique, sin duda, Manrique, no se le despega.

- ¿Y tú? ¿Cuál era tu misión?

-Yo hacía el papel de Manrique al principio, luego Costello me ascendió, los supervisaba a todos y eliminaba a sus enemigos.

- ¿En qué momento, Costello anda solo?

-Nunca, jamás anda solo.

- ¿Y cuándo va a coger? ¿Los hombres se meten a la habitación con él?

- ¡No!, pero le esperan afuera.

-Entiendo, entiendo. Ahora, Pancho, respóndeme con sinceridad, ¿qué piensas de mí, ahora?

-No diré nada, mejor me lo guardo.

-Anda dime, te prometo que no tomaré represalias, solo quiero saber…

-Pues bien, pienso que eres un maldito arrastrado y que pronto recibirás tu merecido.

- ¡Dios, Pancho!, error otra vez, si hubieses dicho que era un hombre increíble y benevolente, te hubiese perdonado la vida.

Con el martillo en mano, le perforé de nuevo la cabeza a Pancho dos veces más y cuando empezó a gritar, le tapé su boca.

- ¡Acuérdate siempre de este rostro!, pues este rostro es el que le puso fin a tu vida.

El Pancho trataba de soltarse, pero no podía; la ira le brotaba del cuello al punto que si le hubiese dado la oportunidad, el tipo me despellejaría con sus manos, pero yo no se lo permitiría, porque yo no soy igual de imbécil que él.

-Mamaco, deshazte de él, pero antes, asegúrate de que sufra hasta el último segundo de su vida. No gastes balas en esta escoria, hay que ser ahorrativos, destrúyele la cabeza a martillazos que es una forma digna de morir. Cuando termines con él, rocíen su cuerpo con gasolina y quémenlo. Entonces abandoné aquella habitación y escuché por última vez los gritos de Pancho que me emocionaban hasta más no poder; cuando cerré esa puerta y subí las escaleras para reunirme con mi mujer, me sentí completamente poderoso, aspiré una línea de coca, y como en aquella planta no se escuchaba ya el ruido enfermizo de los sollozos del Pancho, me sentí en paz, en calma, porque ahora nadie podría vencerme, me convertiría en el dueño de esta ciudad y luego en el dueño del país.... pero todo se haría paso a paso, primero fue el Pancho, el próximo sería el hijo de puta de Costello.

POR QUÉ PREFIERO SER UN NARCO

GLOSARIO DE
TÉRMINOS Y EXPRESIONES

Ando pelando: Andar sin dinero
Anexo: habitación o apartamento
Arrechar: enojar, emberracar, excitar sexualmente.
Bachaquear: Contrabandear o revender alimentos y productos
de primera necesidad
Bachaquero: Persona que se dedica a revender o contrabandear
alimentos o productos de primera necesidad
Bajale dos: calmarse, tranquilizarse
Bajarlo: asesinarlo, matarlo, darlo de baja.
Batuquearme: Es un movimiento rápido, también se puede
usar como ingerir la cocaína
Bolas: guevas, pelotas, testículos, arrojo, coraje, guapeza.
Burda e ladilla: Muy fastidioso
Cabellos churcos: Cabello ondulado, churco.
Caer a coba: Decir mentiras
Caer a palos: Tomar alcohol
Caer a pericos: Esnifar cocaína o perico
Caernos a perico: Ingerir perico en cantidades
Caerse a palos: Tomar alcohol
Carajito (a): niño o niña pequeña
Carajo: alusión negativa de una persona
Cayendo a paja: Diciendo mentiras
Chamos, chamitos: Así se llama a los jóvenes.
Chill: Tranquilo
Chiripita: Se refería al pene, como diminuto
Coger: fornicar, copular, relación sexual
Coñazo: golpe, puñetazo.
Coño e' madre: insulto, hijo de tu maldita madre
Crisiao: ansiedad de consumo, crisis por falta de droga
Echar birras: Tomar cerveza
Echarle bolas: Insistir, tener dedicación

Enchufados: Allegados al gobierno
Engatusarlo/engatusar: Corromper, manipular.
Esnifar: inhalar cocaína por la nariz
Fino: Bien.
Full Boleta: Algo muy notorio
Guisao: Cuadrado, cocinado, definido.
Jalada: serie se jalones o "aspiraciones" de cocaína
Jalón: acción de inhalar cocaína
Jevas o Jevitas: mujeres, novias, damiselas o prostitutas
Joderse en la mano que da de comer: Traicionar al jefe o persona que brinda apoyo
Ladilla: alguien fastidioso, molesto, desagradable.
Línea: Puede referirse a la línea de cocaína
Lucas: Dinero
Mamaguevo: Insulto coloquial
Marico: pana, compañero, amigo
Mariquear: arrepentir, echar para atrás, acobardar
Mariquito: Diminutivo de marico.
Me cargan a monte: Estar encima de una persona para que realice algo.
Me cargan jodido: incumplir con el pago de las deudas
Me cargas: Me tienes
Menor(a): Mote genérico de las clases bajas.
Menor(b): Mote que emplean los malandros
Merca: la reserva de droga para vender, la mercancía
Meter unos reales: Invertir dinero
Pacos: autoridades policiales, policías, guardias.
Pajudo: Mentiroso
Palos: Cada palo son mil bolívares.
Pana o Parce: amigo, compañero de andanzas, camarada, compinche
Pasapalos: Comida, sería el equitativo de tapas, o aperitivos
Pea: resca, borrachera, estado de ebriedad.
Pegar un quieto: Realizar un asalto

Pegarle los mocos al techo: Andar exaltado.

Pegues: Estar drogado

Pelando: Sin dinero

Peos: problemas, conflictos, peleas

Perico: Derivados de la cocaína más impura

Piró: Mote genérico en masculino utilizado por delincuentes.

Piroa: Mote genérico en femenino utilizado por delincuentes

Platero: monto de dinero, cantidad de plata o dinero.

Ponerse con cómicas: Cambiar los términos de un acuerdo.

Rallar: Hablar mal de alguien

Rallas: Hablar mal

Ratón: guayabo, resaca

Rayado: Persona con mala reputación

Real: Dinero

Shots: cada trago de licor que se ingiere

Sifrinitas: Mujeres engreídas

Tigritos: Negocios

Tochada: tontería, bobada

Tranqué: Colgar.

Traqueto: comerciante de drogas ilícitas, narcotraficante.

Tripeo: salida de viaje, emprender un viaje

Un Pase: la dosis de cocaína que se aspira

Verga: Palabra genérica, se usa para cualquier referirse a cualquier cosa.

Volteadas: Borrachas.

Voltearle la cara: abofetear

Vueltica: Misión

White: la cocaína, la coca, la blanca

Yesquero: mechero, encendedor, candela

Zanahoria: Estarse sano, no meterse en problemas

LAS HISTORIAS DE LA CIUDAD

El mundo no es blanco y negro como las páginas de este libro. Es de color gris. El bien y el mal aparecen muy borrosos cuando la espalda está contra la pared. Como reaccionas ante la adversidad, determina gran parte de tu destino.
Si, controlas tu destino, ¿qué vas a elegir?
El poder real viene con opciones y es por eso que el conocimiento es poder. El mundo es grande, pero si no sabes qué opciones existen más allá que las de tu área inmediata, no tienes muchas opciones. Todo y todos están conectados de alguna manera. Nuestra misión es conectar y comunicar para crear un mañana mejor para todos y cada vida que tocamos.

Nos gustaría aprovechar esta ocasión para invitarle a visitarnos en http://www.lashistoriasdelaciudad.com/

The House of Randolph Publishing, LLC
1603 Capitol Ave.
Suite 310 A394
Cheyenne, Wyoming 82001

Email: info@lashistoriasdelaciudad.com

SOBRE EL AUTOR

Joaquín Matos es un escritor y periodista de Caracas, Venezuela. Su abuelo, un director de escuela, lo inspiró para escribir. La pasión de Joaquín por el arte se comentó después de escribir un poema precoz. Fue elogiado a nivel local y a pesar del reconocimiento, las condiciones socioeconómicas de Venezuela obligaron a Joaquín a desarraigar a su familia y trasladarse a Panamá. Actualmente escribe novelas y cuentos con un enfoque en personajes que pueden representar a muchas de las personas en este mundo, cuyas historias de otro modo no serían contadas.